M000306484

ESTE MUNDO:

¿CAMPO DE RECREO O CAMPO DE BATALLA?

Libros de A. W. Tozer publicados por Portavoz:

El Consejero: Una conversación franca sobre el Espíritu Santo

Diseñados para adorar

Deléitate en Dios

Este mundo: ¿campo de recreo o campo de batalla?

Fe auténtica

Fe más allá de la razón

Lo mejor de A. W. Tozer, Libro uno

Lo mejor de A. W. Tozer, Libro dos

Los peligros de la fe superficial

El poder de Dios para tu vida

¡Prepárate para el regreso de Jesús!

La presencia de Dios en tu vida

Una fe incómoda

La verdadera vida cristiana

Y Él habitó entre nosotros

ESTE MUNDO:

¿CAMPO DE RECREO O CAMPO DE BATALLA?

Un llamado
al mundo real
de lo espiritual

A. W. TOZER

COMPILADO POR **HARRY VERPLOEGH**

Editorial
PORTAVOZ

La misión de *Editorial Portavoz* consiste en proporcionar productos de calidad —con integridad y excelencia—, desde una perspectiva bíblica y confiable, que animen a las personas a conocer y servir a Jesucristo.

Título del original: *This World: Playground or Battleground,* © 1989 por The Moody Bible Institute of Chicago y publicado por Moody Publishers, 820 N. LaSalle Boulevard, Chicago, IL 60610. Traducido con permiso. Todos los derechos reservados

Edición en castellano: *Este mundo: ¿campo de recreo o campo de batalla?* © 2018 por Editorial Portavoz, filial de Kregel Inc., Grand Rapids, Michigan 49505. Todos los derechos reservados.

Traducción: Nohra Bernal

Ninguna parte de esta publicación podrá ser reproducida, almacenada en un sistema de recuperación de datos, o transmitida en cualquier forma o por cualquier medio, sea electrónico, mecánico, fotocopia, grabación o cualquier otro, sin el permiso escrito previo de los editores, con la excepción de citas breves o reseñas.

A menos que se indique lo contrario, todas las citas bíblicas han sido tomadas de la versión Reina-Valera © 1960 Sociedades Bíblicas en América Latina; © renovado 1988 Sociedades Bíblicas Unidas. Utilizado con permiso. Reina-Valera 1960™ es una marca registrada de American Bible Society, y puede ser usada solamente bajo licencia.

El texto bíblico indicado con "LBLA" ha sido tomado de La Biblia de las Américas, © 1986, 1995, 1997 por The Lockman Foundation. Usado con permiso. Todos los derechos reservados.

EDITORIAL PORTAVOZ
2450 Oak Industrial Drive NE
Grand Rapids, Michigan 49505 USA
Visítenos en: www.portavoz.com

ISBN 978-0-8254-5770-8 (rústica)
ISBN 978-0-8254-6666-3 (Kindle)
ISBN 978-0-8254-7480-4 (epub)

1 2 3 4 5 edición / año 27 26 25 24 23 22 21 20 19 18

Impreso en los Estados Unidos de América
Printed in the United States of America

Contenido

PREFACIO DEL EDITOR

Escuché a A. W. Tozer por primera vez el 4 de julio de 1946, en el Centro de Conferencias Bíblicas del lago Delta en Rome, Nueva York. Predicó a partir de Colosenses 1:15-17 acerca de la supremacía de Jesucristo. Como joven exsoldado, me senté fascinado mientras ese maestro del púlpito exaltaba a nuestro Salvador y Señor en un mensaje excepcional. Cuarenta y dos años más tarde, también tuve el doble honor de ser uno de sus sucesores como editor de *Alliance Life*, la revista oficial de la Alianza Cristiana y Misionera, y más recientemente, editor de la mayoría de sus libros.

Desde que los primeros ejemplares de *La búsqueda de Dios* salieron de la imprenta, las personas que compraron las obras de Tozer supieron instintivamente que habían descubierto a un profeta del siglo XX. Durante los trece años que el doctor Tozer editó *Alliance Life*, este autodidacta oriundo de Pennsylvania produjo bajo la enseñanza del Espíritu Santo una verdadera mina de oro con sus artículos. Las personas se suscribían a la revista solo para leer su escritura perspicaz. De vez en cuando, por supuesto, Tozer hacía referencia a sucesos o asuntos de actualidad, como la guerra de Corea. De no ser por las frases con fecha, es admirable notar cuán actuales son sus artículos después de treinta y cinco o más años. Tal es la marca de un verdadero profeta.

A lo largo de los años, muchos de esos artículos se han conservado en libros. Los tres primeros fueron preparados por el mismo doctor Tozer. Luego, Anita Bailey, su directora editorial, publicó después de su muerte las siguientes tres colecciones.

En 1984, Harry Verploegh, un hombre de negocios jubilado de Chicago que se sentó durante treinta años a escuchar la predicación del doctor Tozer y que se convirtió en su amigo y confidente, se comprometió a organizar el resto del material para su publicación.

Si esta es tu primera lectura de los escritos de A. W. Tozer, estás a punto de despertar tu mente y conmover tu corazón. ¡Sumérgete sin demora! Únete a la gran compañía de lectores que hasta hoy se deleitan con quien ha compartido con los creyentes, mediante el púlpito y la palabra impresa, su conocimiento del Santo.

H. Robert Cowles
Diciembre, 1988

ESTE MUNDO: ¿CAMPO DE RECREO O CAMPO DE BATALLA?

Para nosotros, las cosas no son únicamente lo que son, sino lo que les atribuimos. Es decir, es probable que nuestra actitud hacia las cosas sea, a la larga, más importante que las cosas mismas. Esta es una conocida perla de conocimiento, como una vieja moneda pulida por el uso y, aun así, encierra verdad en ella y no debe ser rechazada solo porque es conocida.

Resulta extraño cómo un hecho puede permanecer constante, mientras nuestra interpretación del mismo cambia a lo largo de las generaciones y los años. Uno de estos hechos es el mundo en que vivimos. Está aquí, y ha estado aquí durante siglos. Es un hecho constante, que no ha cambiado con el paso del tiempo, pero ¡cuán diferente es la visión del hombre moderno de la que tuvieron nuestros padres! En esto vemos cuán grande es el poder de la interpretación. Para todos nosotros, el mundo no es solamente lo que es, sino lo que creemos que es. Y una gran medida de aflicción o bienestar depende de la solidez de nuestra interpretación.

Sin ir más lejos que a la época de la fundación y el desarrollo inicial de nuestro país, podemos ver la gran brecha que existe entre nuestras actitudes modernas y las de nuestros padres. En los primeros días, cuando el cristianismo ejercía una influencia dominante en la mentalidad estadounidense, los hombres concebían el mundo como un campo de batalla. Nuestros padres creían, por un lado, en el pecado, el diablo y el infierno como una fuerza y, por el otro, creían en Dios, en la justicia y en el cielo. Por naturaleza, estas fuerzas se oponían siempre entre sí en una hostilidad profunda, seria e irreconciliable. Según nuestros padres, el hombre tenía que escoger entre dos bandos, y no podía ser neutral. Para él debía ser vida o muerte, cielo o infierno, y si escogía estar del lado de Dios, podía esperar una guerra abierta con los enemigos de Dios. El conflicto sería real y mortal, y duraría tanto como existiera la vida aquí abajo. Los hombres aguardaban el cielo como un regreso de las guerras, una deposición de las armas para gozar de paz en el hogar que ha sido preparado para ellos.

Los sermones y los cantos de aquella época a menudo tenían un tono marcial, o quizá un vestigio de añoranza. El soldado cristiano pensaba en el hogar, en descanso, y en reunión, y su voz se tornaba nostálgica cuando cantaba de batallas culminadas y victorias ganadas. Pero ya sea que estuviera atacando ejércitos enemigos o soñando con el fin de la guerra y con la bienvenida del Padre en el hogar celestial, nunca olvidó la clase de mundo en el que vivía: un campo de batalla donde muchos son heridos y muertos.

Esta visión es incuestionablemente bíblica. A la luz de las figuras y metáforas que abundan en las Escrituras, sigue siendo una doctrina bíblica la existencia de tremendas fuerzas espirituales que operan en el mundo. El hombre, dada su naturaleza espiritual, está atrapado en medio. Los poderes del mal buscan destruirlo, mientras Cristo está presente para salvarlo por medio del poder del evangelio. A fin de ser librado, el hombre debe salir victorioso en el bando de Dios mediante la fe y la obediencia. Esto, en breve, es lo que pensaban nuestros padres y, según creo, lo que enseña la Biblia.

Cuán diferente es hoy. El hecho permanece igual, pero la interpretación ha cambiado por completo. Los hombres no consideran el mundo como un campo de batalla, sino como un campo de recreo. Creen que no estamos aquí para pelear, sino para juguetear; que no estamos en una tierra extraña, sino en casa. Piensan que no estamos preparándonos para vivir, sino que ya estamos viviendo, y lo mejor que podemos hacer es deshacernos de nuestras inhibiciones y frustraciones, y disfrutar al máximo de esta vida. Esto, creo yo, resume bastante bien la filosofía del hombre moderno, la cual profesan millones y, de forma tácita, abrazan millones más que la viven sin expresarlo verbalmente.

El mundo no es solamente lo que es, sino lo que creemos que es.

Este cambio de actitud hacia el mundo ha afectado a los cristianos, incluso a los cristianos evangélicos que profesan la fe de la Biblia. Mediante un manejo curioso de las cifras, logran sumar la columna mal, y aun así aseguran obtener la respuesta correcta. Esto suena increíble, pero es verdad.

La gran mayoría de cristianos fundamentalistas han aceptado ahora, en la práctica, la idea de que este mundo es un campo de recreo en lugar de un campo de batalla. Puede que se indignen cuando se les pide abiertamente declarar su posición, pero su conducta los delata. Están frente a dos caminos, disfrutando a Cristo *y* el mundo, diciéndole alegremente a todo el mundo que aceptar a Jesús no les exige renunciar a su diversión y que el cristianismo es simplemente la cosa más alegre que alguien pueda imaginar. La "adoración" que nace de esta visión de la vida está tan desviada como la visión misma, una especie de club nocturno santificado, pero sin champaña y sin ebrios bien vestidos.

Todo este asunto se ha vuelto tan serio que ahora todos los

cristianos tienen la obligación de reexaminar su filosofía espiritual a la luz de la Biblia. Después de descubrir la forma bíblica de vivir, deben vivirla, incluso si esto les exija separarse de gran parte de lo que han aceptado como real pero que, a la luz de la verdad, se evidencia como falso.

Una visión correcta de Dios y del mundo venidero precisa que tengamos una visión correcta del mundo en el que vivimos y de nuestra relación con él. Tantas cosas dependen de esto que no podemos darnos el lujo de tomarlo a la ligera.

UN MUNDO TEMEROSO NECESITA UNA IGLESIA SIN MIEDO

Nadie puede culpar a otros por sentir miedo. El mundo está destinado a un bautismo de fuego, y sea que el conflicto presente sea o no el comienzo del fin, tal bautismo ciertamente vendrá tarde o temprano. Dios declara esto por medio de la voz de todos los santos profetas desde el principio del tiempo, y no hay escapatoria.

Sin embargo, ¿acaso no somos los cristianos otra categoría de persona? ¿Acaso no reclamamos un lugar en el propósito de Dios por encima de las incertidumbres del tiempo y la suerte en las que se enredan los hijos de este mundo? ¿No hemos recibido un adelanto profético de todas aquellas cosas que habrán de sobrevenir en la tierra? ¿Puede algo tomarnos por sorpresa?

Seguramente los cristianos que leen su Biblia deberían ser los últimos individuos sobre la tierra que den lugar a la histeria. Han sido redimidos de sus ofensas pasadas, son guardados de las circunstancias presentes gracias a un Dios Todopoderoso, y su futuro está asegurado en sus manos. Dios ha prometido sostenerlos en el diluvio, protegerlos en el fuego, alimentarlos en la hambruna, resguardarlos de sus enemigos, esconderlos en la seguridad de sus recámaras hasta que la indignación haya pasado, y recibirlos al fin en los tabernáculos eternos.

Si estamos llamados a sufrir, podemos tener la certeza absoluta de que seremos recompensados por cada sufrimiento, y bendecidos por cada lágrima. Nos recibirán los brazos eternos donde yace la confianza profunda de la seguridad completa para nuestra alma. Nada nos puede separar del amor de Dios; ni la muerte, ni la vida, ni lo alto, ni lo profundo, ni ninguna criatura.

Una iglesia muerta de miedo no puede ayudar a un mundo temeroso.

Este es un mundo grande y viejo, y está lleno de habitaciones de tinieblas, pero en toda su gran extensión no hay nada en absoluto que el verdadero cristiano deba temer. Ciertamente un cristiano lleno de temores nunca ha ponderado sus defensas.

Una iglesia muerta de miedo no puede ayudar a un mundo temeroso. Quienes estamos en el lugar secreto de seguridad debemos empezar a hablar y a actuar conforme a tal posición. Nosotros, de entre todos los habitantes de la tierra, deberíamos ser las personas más tranquilas, esperanzadas, optimistas y alegres. Nunca convenceremos a un mundo asustado que hay paz en la cruz si continuamos manifestando los mismos miedos que quienes no profesan el cristianismo.

ENFRENTEMOS EL MAÑANA SIN TEMOR

Cada año nuevo es un océano inexplorado y desconocido. Ningún barco ha navegado antes esta ruta. Ni los más sabios hijos e hijas de la tierra pueden decirnos lo que encontraremos en esta travesía. Habernos familiarizado con el pasado puede darnos una idea general de lo que podemos esperar, pero dónde yacen las rocas debajo de la superficie o cuándo azotará de repente aquel "tempestuoso viento llamado Euroclidón", nadie lo sabe con certeza.

Las condiciones por todo el mundo son tan graves que nadie que se ponga a pensar puede mantener ya más un espíritu optimista. Los filósofos del mundo hace mucho tiempo cesaron de predicar paz, salvo como una meta que las naciones deberían desvelarse por alcanzar, a pesar de las pocas esperanzas que tienen de lograrlo. Los mejores cerebros del mundo están dedicados a la producción de herramientas con las cuales destruir el mundo. Y si eso hacen en el árbol verde, ¿qué no harán en el seco?

Cuando faraón enfrentó dificultades, mandó llamar a José. Cuando Nabucodonosor estaba angustiado, llamó a Daniel. Estos sabios hombres de Dios sabían muy bien lo que pasaba; podían predecir el futuro y mostrar el camino seguro a seguir. Su sabiduría no era de este mundo, y por eso pudieron enfrentar el futuro con alegría a pesar de que sabían cuán oscuro y accidentado sería.

Hoy también hay un puñado de hombres y mujeres que pueden enfrentar el año venidero sin desaliento ni terror. Son cristianos. No son optimistas que se limitan a sonreír y que derivan su consuelo de la negación de los hechos o basan sus esperanzas en falsas expectativas de las intenciones pacifistas de las naciones. Antes bien, son de todos los hombres los verdaderos realistas. Nada tienen que ver con fantasías; exigen conocer los hechos, sin importar cuán buenos o malos sean. Insisten en ajustar sus creencias con la verdad, y no dudan en reconocer cualquier verdad dondequiera que se encuentre.

El creyente se encuentra en una posición de ir a la ofensiva.

Ahora bien, más que en cualquier otro tiempo en generaciones, el creyente se encuentra en una posición de ir a la ofensiva. El mundo está perdido en un ancho mar, y solo el cristiano conoce el camino al refugio anhelado. Mientras las cosas iban bien, el mundo se burló de él con su Biblia y sus himnos, pero ahora lo necesita con urgencia, al igual que a esa Biblia despreciada. Porque en la Biblia, y solo en ella, se encuentra la carta de navegación que puede ubicarnos en este océano implacable y desconocido. Ya quedaron atrás los días en que el cristiano tenía que disculparse con resignación. El cristiano puede llamar la atención del mundo no esforzándose por agradar sino declarando con valentía la verdad de la revelación divina. Puede hacerse oír, no haciendo concesiones, sino actuando y declarando con firmeza: "Así dice el Señor" (Éx. 4:22, LBLA).

Sea lo que sea que el mundo haga en los años venideros, y pase lo que pase con la humanidad, los verdaderos cristianos no tienen por qué preocuparse. Están seguros para siempre gracias a un pacto de sangre, y son más amados por Dios que la niña de sus ojos. Ninguna noche puede ser demasiado oscura para que ellos brillen con su luz, ningún fuego es demasiado encendido para quemarlos, ningún diluvio es demasiado severo para ahogarlos en su travesía. Los vientos y las olas son sus aliados, y las estrellas en su trayectoria pelean por ellos. Dios está a su diestra, y no serán conmovidos.

Enfrentemos, pues, el mañana con alabanza y canción. Vivamos en un estado de adoración constante. ¿Acaso no somos guardados por el poder de Dios "para alcanzar la salvación que está preparada para ser manifestada en el tiempo postrero" (1 P. 1:5)? Y el "tiempo postrero" puede estar más cerca de lo que pensamos.

DEBEMOS TENER FE VERDADERA

Para muchos cristianos, Cristo es poco más que una idea, o a lo sumo un ideal. Él no es un hecho. Millones de personas que profesan ser cristianas hablan como si Él fuera real, y actúan como si no lo fuera. Nuestra verdadera posición siempre queda al descubierto por nuestra manera de actuar, no por nuestra manera de hablar.

Podemos demostrar nuestra fe mediante nuestro compromiso con ella, y de ninguna otra forma. Cualquier creencia que no gobierna a quien la sostiene, no es una creencia verdadera. No es más que una seudocreencia. Puede que algunos se escandalicen profundamente si de repente se nos confronta con nuestras creencias y se nos obliga a probarlas en el fuego de la vida práctica.

Muchos nos hemos vuelto extremadamente hábiles en organizar nuestra vida de tal manera que reconocemos la verdad del cristianismo sin ser avergonzados por sus implicaciones. Acomodamos todo de tal forma que podemos arreglárnoslas sin la ayuda divina, mientras, al mismo tiempo, aparentamos buscarla. Nos gloriamos en el Señor, pero nos cuidamos de que nunca nos pillen dependiendo de Él. "Engañoso es el corazón más que todas las cosas, y perverso; ¿quién lo conocerá?" (Jer. 17:9).

La seudo-fe siempre inventa una salida en caso de que Dios falle. La verdadera fe, en cambio, conoce solo un camino y gustosamente renuncia a cualquier atajo o reemplazo provisional. Para la fe verdadera solo hay dos opciones: Dios, o el colapso absoluto. Y desde que estuvo Adán sobre la tierra, Dios nunca le ha fallado a un solo hombre o una sola mujer que en Él haya confiado.

Los partidarios de la seudo-fe pelearán por su credo recitativo, pero se negarán rotundamente a quedar en el aprieto de depender de la veracidad de ese credo para su futuro. Ellos siempre se aprovisionan de vías alternativas de escape a fin de encontrar una salida en caso de que el techo se desplome.

> **Nuestra verdadera posición siempre queda al descubierto por nuestra manera de actuar, no por nuestra manera de hablar.**

Lo que se necesita en estos días es una compañía de cristianos que estén preparados para confiar de manera tan completa en Dios en el presente como saben que deberán hacerlo en el día final. Para todos nosotros, ciertamente llegará la hora en que lo único que tengamos sea Dios. Salud, riqueza, amigos, escondites y demás, desaparecerán, y solo tendremos a Dios. Para aquellos que solo tienen una seudo-fe esa es una idea aterradora, pero para la fe real es uno de los pensamientos más reconfortantes que puede albergar el corazón.

De hecho, sería una tragedia llegar al punto en el que nada tenemos aparte de Dios y descubrir que no hemos confiado en Él durante los años de peregrinaje terrenal. Sería mejor *invitar* a Dios desde ya a que quite toda confianza falsa, libere nuestro corazón de todos los escondites, y nos saque a la luz donde podemos descubrir por nosotros mismos si en realidad estamos o no confiando en Él. Las soluciones más moderadas pueden ser demasiado débiles para funcionar, y el tiempo se agota.

"Cuando todas tus misericordias, oh Dios mío"

No muchos de los grandes literatos han alcanzado prominencia en la Iglesia de los primogénitos. Sin embargo, ha habido algunas excepciones. Entre ellas, podemos citar a John Milton, George Herbert y Joseph Addison.

Entre las joyas que nos ha dejado Addison está un himno de acción de gracias, "Dios mío, cuando pienso" (trad. Juan Bautista Cabrera). Este himno aparece en los mejores himnarios, y se canta siempre que los hombres desean aportar belleza poética al servicio de alabanza.

Dios mío, cuando pienso en las mercedes
que tu bondad sin par me prodigó,
mi espíritu se enciende en alabanzas
en gratitud amor.

La imagen de las misericordias de Dios como el despliegue de un extenso paisaje multicolor es muy hermosa. A esta se suma la del alma que se levanta de un sueño a contemplar maravillada la infinita expansión. Y entonces vemos el alma extasiada, de repente, en trances de deleite con todo lo que ve, hasta que al fin se desvanece en una especie de éxtasis gozoso, "mi espíritu se enciende en alabanzas, en gratitud, amor". Esta es una imagen mental que precisa de música para expresarse.

Y canta de nuevo,

Innumerables bienes en mi alma
tu cariñosa mano derramó,
antes que el manantial adivinase
mi infantil corazón.

He aquí el verdadero espíritu de acción de gracias. He aquí la comprensión de lo que agrada a Dios en nuestra aceptación y uso de sus dones. Un corazón alegre que saborea estos dones con gozo es el único tipo de corazón que puede disfrutar de los dones en seguridad.

En todos los períodos de mi vida
yo tus bondades cantaré, Señor,
y luego llevaré mi dulce tema
gozoso a tu Sión.

Fue en ese mismo espíritu que el poeta debió llamar a su yerno en su lecho de muerte, y susurrar: "Mira con cuánta paz puede morir un cristiano".

SOBRE LA LUCHA EN LA ORACIÓN

Hay una idea generalizada según la cual luchar en la oración es siempre algo positivo, pero de ninguna manera es cierta. Las personas pueden someterse a ejercicios religiosos extremos sin un motivo más elevado que hacer su propia voluntad.

La calidad espiritual de una oración se define no por su intensidad sino por su origen. Al evaluar la oración debemos indagar si la hace nuestro corazón o el Espíritu Santo. Si la oración se origina en el Espíritu Santo, la lucha puede ser hermosa y maravillosa, pero si somos víctimas de nuestros propios deseos exagerados, nuestras oraciones pueden ser tan carnales como cualquier otro acto.

> La calidad espiritual de una oración se define no por su intensidad sino por su origen.

Dos ejemplos del Antiguo Testamento son Jacob y los profetas de Baal. La lucha de Jacob fue un verdadero ejercicio, y no fue iniciativa de Jacob. "Allí se quedó Jacob solo; y luchó con él un varón hasta que rayaba el alba" (Gn. 32:24). Es evidente que el agresor fue aquel "varón" y no Jacob, pero cuando Jacob fue atacado, se convirtió en agresor y exclamó: "No te dejaré, si no me bendices" (Gn. 32:26). La lucha tuvo un origen divino, y la bendición que acarreó es del conocimiento de todo estudioso de la Biblia.

El otro ejemplo no tiene el mismo final. Los profetas de Baal también lucharon, de manera mucho más violenta que Jacob, pero lucharon en la carne. Sus contorsiones eran producto de la ignorancia y la superstición, y no llevaron a nada. Todo era un error: su celo, su oración de autoflagelación, su determinación. Estaban equivocados a pesar de su celo en la oración. Y tal error no murió con ellos.

Solo el Espíritu Santo puede orar con eficacia. "Y de igual manera el Espíritu nos ayuda en nuestra debilidad; pues qué hemos de pedir como conviene, no lo sabemos, pero el Espíritu mismo intercede por nosotros con gemidos indecibles" (Ro. 8:26).

HOMBRES, NUESTRA NECESIDAD MÁS APREMIANTE

¡ Poder capítulo !

La necesidad más apremiante de la iglesia en este momento son hombres, el tipo correcto de hombre, hombres valientes. Se dice que necesitamos avivamiento, que lo que necesitamos es un nuevo bautismo en el Espíritu Santo, y Dios sabe que es preciso tener ambos. Pero Dios no va a avivar ratones. Él no llenará conejos del Espíritu Santo.

Anhelamos con ansia hombres que estén dispuestos a sacrificarse en la guerra por el alma, porque ya han muerto a las seducciones de este mundo. Tales hombres serán libres de las fuerzas que coaccionan y controlan a los hombres más débiles. No se verán forzados a actuar por la presión de las circunstancias. Su único impulso vendrá de su interior, o de lo alto.

Esta clase de libertad es indispensable si hemos de volver a tener profetas en nuestros púlpitos en lugar de mascotas. Estos hombres libres servirán a Dios y a la humanidad con una motivación demasiado elevada para ser comprendida por las tropas de siervos religiosos que van y vienen del santuario. No tomarán decisiones movidos por el miedo, no elegirán un rumbo con el deseo de agradar, no aceptarán un servicio por interés económico, no llevarán a cabo actos religiosos por simple costumbre, ni dejarán que el afán de propaganda o el deseo de renombre los afecte.

Gran parte de lo que hace hoy la iglesia, incluso la iglesia evangélica, se hace porque teme no hacerlo. Las asociaciones ministeriales emprenden proyectos sin un motivo más elevado aparte del compromiso. Viven atentos a todas las tendencias, y por temor llegan a creer, o a temer, aquello que el mundo espera de ellos, y eso es lo que hacen el siguiente lunes en la mañana, con todo celo y demostraciones postizas de piedad. La presión de la opinión pública es lo que llama a estos profetas, no la voz de Jehová.

La iglesia verdadera nunca ha tratado de reconocer las expectativas públicas antes de lanzar sus cruzadas. Sus líderes escuchaban su encargo de parte de Dios y se disponían de todo corazón a cumplirlo independientemente del apoyo popular o la falta de este. Ellos conocían la voluntad de su Señor y la hacían, y su pueblo los seguía; a veces al triunfo, pero más a menudo a insultos y persecución pública. Y la recompensa que les bastaba era la satisfacción de estar en lo correcto en un mundo equivocado.

Dios escuchará el clamor de su pueblo de la misma manera que oyó el clamor de Israel en Egipto.

Otra característica del verdadero profeta ha sido el amor. El hombre libre que ha aprendido a oír la voz de Dios y que se atrevió a obedecerla ha sentido la carga moral que rompió los corazones de los profetas del Antiguo Testamento, abatió el alma de nuestro Señor Jesucristo, y sacó torrentes de lágrimas de los ojos de los apóstoles.

El hombre libre nunca ha sido un tirano religioso, ni ha buscado señorear sobre la herencia de Dios. Es el miedo y la inseguridad lo que ha llevado a los hombres a tratar de subyugar a otros. Han tenido algún interés para proteger, alguna posición para asegurar, para lo cual han exigido que sus seguidores se sometan como garantía de su propia seguridad. Pero el hombre libre jamás hará tal cosa. Él no tiene nada qué proteger, ninguna ambición qué perseguir, y ningún enemigo qué temer. Por eso es completamente indiferente a su posición entre los hombres. Si lo siguen, está bien. Si no, nada pierde que le haga falta. Pero ya sea que lo acepten o no, él seguirá amando a los suyos con devoción sincera, y solo la muerte puede silenciar su dulce intercesión por ellos.

Sí, si el cristianismo evangélico ha de permanecer vivo, debe volver a tener hombres, la clase correcta de hombres. Debe repudiar a los enclenques que no se atreven a manifestarse, y debe buscar en oración y con mucha humildad que vuelvan hombres que están hechos de la misma sustancia de los profetas y los mártires. Dios escuchará el clamor de su pueblo de la misma manera que oyó el clamor de Israel en Egipto, y Él llevará liberación enviando liberadores. Así es como Él obra.

Y cuando los liberadores vengan, como reformadores, promotores del avivamiento y profetas, serán hombres de Dios y hombres de valor. Tendrán a Dios de su lado porque se cuidan de estar del lado de Dios. Trabajarán juntamente con Cristo y serán instrumentos en las manos del Espíritu Santo. En efecto, tales hombres serán bautizados con el Espíritu y, por medio de su labor, Él bautizará a otros y enviará el avivamiento que tanto ha tardado.

LA PERSONA ESPIRITUAL

Casi todo cristiano quiere ser espiritual, pero pocos saben lo que significa esta experiencia. Podríamos ahorrarnos tanto consuelo infundado, y a cambio recibir el verdadero aliento, si pudiéramos cambiar de actitud.

Nos resulta difícil despojarnos de la noción de que una persona es tan espiritual como se siente. Nuestra espiritualidad básica rara vez coincide con nuestros sentimientos. Hay muchas personas carnales cuyas emociones religiosas son sensibles a cualquier impresión y logran mantenerse en un plano bastante elevado de goce interior, sin demostrar señal alguna de piedad. Tienen un punto de ebullición bajo, y pueden calentarse con casi cualquier suceso religioso en un instante. Sus lágrimas están a flor de piel y sus voces cargadas de contenido emocional. Los tales tienen reputación de ser espirituales, y con facilidad ellos mismos lo creen. Pero no necesariamente es así.

Las personas espirituales son indiferentes a sus sentimientos. Viven por la fe en Dios sin importarles mucho sus propias emociones. Ellos piensan los pensamientos de Dios y ven las cosas como Dios las ve. Se gozan en Cristo y no tienen confianza en sí mismos. Les importa más la obediencia que la felicidad. Tal vez esto sea menos romántico, pero pasará la prueba de fuego.

Nuestros recursos para los años venideros

La costumbre de dividir el tiempo en años es, por supuesto, completamente arbitraria e incluso poco práctica. Se necesita una mente lúcida para recordar que el tiempo no es siervo del calendario, y que los años no vienen en paquetes organizados como cajas de cereal. Tampoco vienen en secciones bien cortadas como una sarta de salchichas.

En cierto sentido, un año nuevo empieza siempre que lo decidamos. Los diferentes pueblos del mundo no han estado en completo acuerdo acerca del fin y el comienzo de su año, pero podemos empezar un nuevo año siempre que nos propongamos reorganizar nuestras vidas moralmente e invitar a Cristo a ser nuestro Señor y Salvador. En ese momento nos convertimos en una nueva criatura, un "nuevo nombre escrito en la gloria", y así empieza nuestro año nuevo. Esa transformación moral se llama arrepentimiento, y el acto mediante el cual nace una nueva criatura se llama regeneración. Al alma que ha experimentado esta asombrosa transformación le resulta más viable enfocarse en ese nuevo comienzo que en nuestro día oficial de año nuevo.

Los cristianos vemos todo muy diferente. El mundo sabe en qué confía y qué quiere; conoce sus tesoros y de qué están hechos, sabe lo que necesita para ser feliz y exitoso en el año nuevo. Los cristianos se sienten muy diferente al respecto, y en esto no solo son antagónicos, sino que siguen la sabiduría segura del reino de

Dios. Saben bien que son hijos e hijas eternos, y que no dependen de las fronteras del tiempo.

La gente del mundo, por ejemplo, espera tener vida, salud, prosperidad económica, paz internacional, y otras circunstancias favorables. Estos son sus recursos en los que descansan. Los miran de la misma manera que un bebé mira a su madre que lo amamanta.

Los cristianos no desprecian estas bendiciones temporales, y si gozan de ellas, las santifican recibiéndolas con efusivas oraciones de gratitud a Dios. Sin embargo, saben que su bienestar eterno no depende de ellas. Esas bendiciones pueden venir o desaparecer, pero los cristianos verdaderos permanecen en Dios donde ningún mal puede tocarlos y donde son ricos más allá de lo que su mente pueda concebir, y todo esto aparte de las circunstancias terrenales.

> Los cristianos esperan éxito económico, pero si no les llega, han aprendido a contentarse con lo que tienen.

Los cristianos desean paz, pero si hay guerra, esta no puede robarles nada esencial para su bienestar eterno. Ellos esperan paz, pero están preparados para entregar sus vidas si es necesario, por causa de la justicia. Ellos esperan éxito económico, pero si no les llega, han aprendido a contentarse con lo que tienen. Esperan que el mundo los trate con bondad, pero si no es así, no se angustian, porque recuerdan las palabras que dijo nuestro Señor: "En el mundo tendréis aflicción, pero confiad, yo he vencido al mundo" (Jn. 16:33).

Los recursos del mundo son buenos a su manera, pero tienen este defecto fatal: son inciertos y transitorios. Hoy los tenemos, mañana se van. Así sucede con todas las cosas terrenales, puesto que el pecado vino a alterar el hermoso orden de la naturaleza y convirtió a los seres humanos en víctimas de la suerte y el cambio.

Nuestro deseo para todos los hijos de Dios es que tengan una medida completa de toda bendición segura y pura que la tierra y el cielo pueda proveerles conjuntamente. Pero si en la soberana voluntad de Dios las cosas nos resultan adversas, ¿qué nos queda? Si la guerra derrama sangre, si vienen las persecuciones, si la vida y la salud están en riesgo, ¿qué pasa con nuestros recursos eternos?

Si los cimientos del mundo se derrumban, todavía tenemos a Dios, y en Él tenemos para siempre todo lo esencial para nuestro rescatado ser. Tenemos a Cristo, que también murió por nosotros y que ahora está sentado a la diestra de la Majestad en los cielos, desde donde intercede con poder y sin cesar por nosotros. Tenemos las Escrituras, que nunca fallan. Tenemos el Espíritu Santo que revela las Escrituras a nuestra vida interior, y es nuestro Guía y Consolador. Tenemos la oración y tenemos fe, las cuales traen el cielo a la tierra y endulzan aun la amargura de Mara. Y si lo peor empeora todavía más, tenemos la casa de nuestro Padre y la bienvenida de nuestro Padre.

Permanezcamos en las Escrituras

Una escuela de pensamiento cristiano divide la gracia de Dios en dos tipos: "gracia mediante el pacto" y "gracia sin pacto". La primera se refiere a la gracia de Dios tal como opera por medio del evangelio y la segunda, a la gracia de Dios como puede operar soberanamente por fuera de y aparte de los pactos de la Palabra. La gracia sin pacto sería entonces aquella mediante la cual Dios ha dado su provisión y bendición a los hombres y mujeres antes de que existieran los pactos de las Escrituras. También podría explicar cómo Dios ha iluminado la conciencia de los seres humanos y nos ha llevado a amar el bien aún en lugares donde la Palabra de Dios no ha sido predicada.

Es un tema fascinante de doctrina secundaria, y parece que no hay manera de probarla o negarla, pero sería una locura depositar nuestra confianza en ella. Si Dios pudiera operar satisfactoriamente por fuera de sus pactos sagrados, como está revelado en las Escrituras, es difícil entender por qué se tomó la molestia de hacer grandes pactos espirituales con la humanidad y de escribirlos en la Palabra de verdad para iluminarnos.

No, solo hay una fuente verdadera de luz en lo que respecta a la gracia de Dios, y son las Sagradas Escrituras. Todo lo que Dios puede decir o estar diciendo a la conciencia de la humanidad, lo habla por medio de los profetas y los apóstoles, para redención. Por nadie más. Todo testimonio auténtico acerca de la salvación se centra en la cruz de Cristo, y se envía desde ella al mundo entero.

Una nueva mirada a una vieja pregunta

La inclinación a aceptar cualquier énfasis religioso actual como el único punto de vista correcto y bíblico está muy arraigada en nuestra naturaleza, porque se trata simplemente del amor arcaico por el statu quo, tan común a todos los pueblos en cada esfera del pensamiento humano. Aquellos a quienes respetamos nos presentan una idea, examinamos las referencias, aceptamos la idea, conformamos la mente a ella, y de inmediato procedemos a considerarla ortodoxa. Después de eso, juzgamos a las personas según se adhieran a ella o no. Desde luego, resistimos cualquier sugerencia de que quizás la idea precise ajustes para que se conforme a las Escrituras y a la fe histórica de los cristianos.

Muchos cristianos actuales condenarían como herejía la afirmación de que la escatología de los últimos siglos (que abrazan la mayoría de fundamentalistas) no concuerda en cada detalle con las creencias de los padres de la Iglesia. Sin embargo, es fácil examinar los hechos, y quienes se toman el trabajo de leer y estudiar por sí mismos pueden hacerlo.

La manera como se explica usualmente la discrepancia, allí donde se conoce tal discrepancia, es afirmar que todos esos cristianos ilustres del pasado que no comparten nuestra visión de la profecía eran simplemente gente poco ilustrada. Por supuesto, eran buenos cristianos, pero nunca lograron alcanzar nuestra estatura de visión profética. Los Wesleys, por ejemplo, y hombres como Edwards, Knox y Rutherford, lograron llegar hasta cierto punto, pero por desdicha les faltó conocimiento acerca de la verdad de los últimos tiempos.

Aparte del hecho de que este argumento lo promueven los Testigos de Jehová y los Adventistas del Séptimo Día para justificar sus ideas, existe al menos una razón para rechazar esta explicación demasiado ingeniosa. Me refiero a que nos pone en la penosa situación de tener que aseverar nuestra superioridad frente a personas cuyas cualidades extraordinarias y grandeza espiritual son reconocidas por todo el mundo. Sin ánimo de parecer frívolos, podríamos decir que si Agustín, Bernard, Watts, y Andrews (teólogo inglés, 1555-1626) llegaron a ser santos de semejante estatura estando ciegos a la verdad de la profecía, y si los fundamentalistas modernos son la clase de cristianos que *son* habiendo sido bendecidos con todo conocimiento profético, ciertamente paga ser ignorante!

Necesitamos personas valientes que puedan hablar con autoridad espiritual.

Cristo volverá a la tierra para despertar a los santos que duermen y glorificar a sus fieles que están vivos en el momento de su venida. Creemos que su regreso es la esperanza de la Iglesia, esperanza que nos basta para hacer tolerable nuestra vida sobre la tierra. Pero, ¿es esta creencia incompatible con el deseo de conocer lo que Dios ha revelado acerca del futuro en lugar de aceptar ciegamente lo que nos impone alguna escuela de pensamiento profético? ¿Es poco espiritual anhelar la verdad en lugar de aceptar sin examen las enseñanzas escatológicas que desconocían los santos de tiempos pasados? Nosotros creemos que no es incompatible ni poco espiritual.

El tiempo ha llegado para el ministerio de maestros que reexaminan toda cuestión profética a la luz de las Escrituras, que no se deslumbran ante los nombres ilustres de la última mitad del siglo, sino que comparan las enseñanzas de tiempos recientes con las creencias de los grandes creyentes de antaño y conceden tanto peso a esas creencias como a las de los maestros modernos. Necesitamos personas valientes que puedan hablar con autoridad espiritual, no los que se contentan con repetir las ideas de un puñado de expertos en profecía que llegaron a sus conclusiones actuales leyendo sus propios libros.

Tal vez, después de todo, el mayor problema profético que enfrentamos es más de disposición que de conocimiento. Puede que no siempre estemos seguros de tener todos los detalles correctos, pero nunca debemos dudar acerca de nuestra preparación espiritual y moral para el gran día de la venida de nuestro Señor. "Tened también vosotros paciencia, y afirmad vuestros corazones; porque la venida del Señor se acerca" (Stg. 5:8).

LIBROS Y NORMAS MORALES

El difunto Jimmy Walker, célebre mujeriego y alcalde neoyorquino de los rugientes años 20, fue muy citado por una ocurrencia, que quienes desearon creerla, consideraron la esencia pura de la verdad del evangelio: "Nunca he oído de alguien que haya sido arruinado por un libro".

Se hizo referencia a estas profundas palabras, según recuerdo, durante una investigación oficial acerca de los efectos de cierta literatura cuestionable en la moral del público lector. Ahora bien, no podemos probar que el señor Walker haya escuchado alguna vez que alguien fue arruinado por un libro, pero eso puede simplemente significar que el conocimiento que tenía este caballero del tema era mínimo, o que su idea de ser "arruinado" es contraria a la de personas más escrupulosas a quienes todavía les molesta el efecto de la mala lectura en la mente colectiva. Sea cual sea la explicación, el supuesto del señor Walker de que nadie ha sido arruinado jamás por un mal libro es cien por ciento falsa. Los hechos lo contradicen.

La historia demuestra que los malos libros no solo han arruinado individuos, sino también naciones. Lo que produjeron los escritos de Voltaire y Rousseau en Francia es tan bien conocido que sobra explicación. Tampoco resulta difícil establecer una relación de causa y efecto entre la filosofía de Friedrich Nietzsche y la carrera sangrienta de Adolf Hitler. Es indudable que las doctrinas de Nietzsche resurgieron en boca del Fuhrer y no tardaron en convertirse en la línea oficial del partido para los propagandistas nazis. Y el comunismo ruso difícilmente hubiera nacido sin los escritos de Karl Marx.

La verdad es que los pensamientos son cosas y las palabras, semillas. La palabra impresa puede permanecer dormida como una semilla a lo largo del invierno, para luego brotar repentinamente cuando llega el momento favorable, y produce una cosecha abundante de fe y su puesta en práctica. Muchos que hoy son miembros útiles de la iglesia llegaron a Cristo por medio de la lectura de un libro. Miles han dado testimonio del poder del evangelio humilde para conquistar la mente y atraer la atención hacia Dios y la salvación.

La historia demuestra que los malos libros no solo han arruinado individuos, sino también naciones.

Solo sabremos el rol exacto que ha jugado la mala literatura en esta descomposición moral que prevalece en nuestra tierra hasta que los hombres tengan que rendir cuentas delante de un Dios santo por todos sus actos impíos. Para miles de jóvenes, la primera duda acerca de Dios y de la Biblia surgió a partir de la lectura de algún libro maligno. Debemos respetar el poder de las ideas. Las ideas impresas son tan poderosas como las habladas. Puede que tarden más en explotar, pero poseen el mismo poder detonante.

Todo esto lleva a que los cristianos estamos obligados, desde todo punto de vista, a desalentar la lectura de literatura subversiva y a promover tanto como sea posible la circulación de buenos libros y revistas. Nuestra fe cristiana nos enseña que debemos rendir cuentas de cada palabra ociosa. Con cuánta más severidad deberemos dar cuenta de cada palabra mala, ya sea impresa o hablada.

Tolerar la literatura nociva no es una señal de talla espiritual, sino quizá de una secreta afinidad por lo malo. Todo libro debería levantarse o caerse por sus propios méritos, completamente aparte de la reputación de su autor. El hecho de que un libro indecente y provocativo haya sido escrito por un escritor "aceptado" no lo hace menos nocivo. Si es malo, es malo, sin importar cuál sea su origen. Los cristianos deben juzgar un libro por su pureza, no por la reputación del autor.

No es fácil sobreponerse al deseo de parecer una persona de mente abierta, porque está enraizada en nuestro ego y constituye, sencillamente, una forma no muy sutil de orgullo. En nombre de una mente abierta muchos hogares cristianos han dado lugar a una literatura cuya fuente no es una mente amplia sino una estrecha, sucia, y corrompida.

A nuestros hijos les pedimos que se limpien los pies antes de entrar en la casa. ¿Nos atrevemos a exigir menos de la literatura que entra en nuestra casa?

13

CÓMO HACERSE MÁS PEQUEÑO INTENTANDO SER GRANDE

Hace un tiempo escuché un breve mensaje de un joven predicador que citó lo siguiente: "Si eres demasiado grande para un lugar pequeño, eres demasiado pequeño para un lugar grande".

Es una regla paradójica del reino de Dios que cada vez que intentamos hacernos grandes, inmediatamente nos hacemos pequeños. Dios es celoso de su gloria y no permitirá compartirla con ningún hombre. El esfuerzo de aparecer grande ante los hombres acarrea el desagrado de Dios en nuestra vida y, de hecho, nos impide alcanzar la grandeza que tanto ansiamos.

La humildad agrada a Dios dondequiera que aparece, y el hombre humilde tendrá a Dios como su amigo y ayudador en todo tiempo. Solo el hombre humilde es completamente sensato, porque es el único que ve claramente su propia estatura y limitación. El ególatra ve todo borroso. A sus ojos es grande, y en comparación Dios es pequeño, y ese es un tipo de locura moral. Humildad es volver a la cordura, como Nabucodonosor. El hombre humilde sopesa todo correctamente, y eso lo hace un individuo sabio y un filósofo.

> ~⟋ ⟍~
> **El hombre humilde tendrá a Dios como su amigo y ayudador en todo tiempo.**

Los cristianos jóvenes a menudo limitan su propia capacidad de ser útiles debido a su actitud hacia sí mismos. Empiezan con la noción ingenua de que están al menos un poco por encima del promedio en inteligencia y en habilidad, y como resultado les asusta tomar un lugar humilde. ¡Quieren empezar en la cima y seguir en ascenso! Por lo general, lo que sucede es que no logran asegurar la posición elevada que según ellos les corresponde ocupar, y terminan resentidos contra todo aquel que se interponga en su camino o no los aprecie. Con el paso de los años, esto llega a incluir a casi todo el mundo. Al final padece un resentimiento profundo y permanente contra el mundo. Se adaptan a un estado de amarga santidad, y desarrollan una apariencia de sufrimiento santo que, según imaginan, debieron proyectar los rostros de los mártires en el coliseo.

Este es un asunto demasiado serio para ser gracioso, y demasiado trágico para ser tomado a la ligera. El hecho natural es que nadie puede interponerse en el camino de un hombre completamente humilde. No hay suficientes montañas en el infierno que puedan retener al verdadero hombre o mujer de Dios, aun si todas los aplastan al tiempo. Dios elige a los mansos para confundir a los poderosos. "De la boca de los niños y de los que maman, fundaste la fortaleza, a causa de tus enemigos, para hacer callar al enemigo y al vengativo" (Sal. 8:2). Los bebés no aparentan lo que no son, no tienen orgullo en sí mismos, y no guardan rencores. De esto, los cristianos debemos tomar consejo.

14

¿IMITADOR, CONSERVADOR, O CREATIVO?

Dios es creativo. Él no ha renunciado a su posición de Creador, aun cuando la obra específica de formar el primer cielo y tierra hace tiempo que terminó.

El Espíritu Santo que integra la bendita Trinidad también es creativo. Él siempre crea nuevas cosas, siempre da y pone en marcha, siempre hace "todo nuevo". Dondequiera que Él obra, los efectos son más creativos que conservadores, aunque debemos saber que Él siempre conserva todo lo que crea. Crear y no conservar sería un desperdicio del acto creativo. Pero la psicología entera del Espíritu se dirige a la creación de cosas nuevas antes que hacia la preservación cautelosa de lo que ha sido creado.

> Los líderes espirituales tienen dos opciones: dejar que obre el Espíritu Santo por medio de ellos, o ver que su obra es en vano.

Cabe decir que el Espíritu Santo siempre crea en conformidad con su carácter divino, como Dios mismo. A todo lo que hace le imprime el sello de la eternidad. Lo reviste del carácter perpetuo. La dignidad y la santidad de la Deidad lo hacen único.

Cuando las personas religiosas rechazan o ignoran al Espíritu Santo, se ven obligadas a inventar su propia creación o a fosilizarse por completo. Algunas iglesias aceptan la fosilización como la voluntad de Dios, y se conforman con la obra de preservar su pasado, como si hiciera falta preservarlo. Otros procuran parecer modernos, e imitan el estilo actual del mundo con la idea equivocada de que serán creativos. Y, en efecto, copian la moda, pero sus creaciones que son fruto de su habilidad terminan siendo sin remedio juguetes y bagatelas, simples imitaciones del mundo que carecen por completo de las cualidades de la eternidad: santidad y dignidad espiritual. El sello distintivo del Espíritu Santo está ausente.

Todos los líderes espirituales deben recordar que tienen dos opciones: dejar que obre el Espíritu Santo por medio de ellos, o ver que su obra es en vano. Todo edificio religioso que se ha edificado mediante el celo y el esfuerzo de la carne, perecerá en las llamas ardientes del juicio. A los ojos de la humanidad puede que dichos esfuerzos sean dignos de elogio, pero, delante de Dios, los resultados serán madera, paja y rastrojo.

Es difícil imaginar una desilusión más dolorosa que llegar al trono del juicio de Cristo y darse cuenta de que toda nuestra vida terrenal fue una lucha en la carne, y que nunca permitimos que el creativo Espíritu Santo obrara en nosotros lo que era agradable a sus ojos.

Por consiguiente, todos los cristianos y todas las iglesias están involucrados en una de las siguientes tres actividades: proteger el pasado muerto, crear bagatelas en la carne que perecerán con la carne, o actuar en colaboración con el Espíritu Santo en la creación constante de tesoros eternos que perdurarán por encima de las estrellas.

15

EL MOTIVO ES DE SUMA IMPORTANCIA

Al final, la cuestión no será tanto "¿qué se hizo?", sino "¿por qué se hizo?". En los actos morales, el motivo lo es todo. Por supuesto que es importante hacer lo correcto, pero lo es más aún hacer lo correcto por el motivo correcto.

La intención constituye una gran medida de la acción, ya sea que la realice alguien bueno o malo. A los ojos de Dios, el hombre que quiere a su enemigo muerto ya lo ha asesinado. "Pero yo os digo que cualquiera que mira a una mujer para codiciarla, ya adulteró con ella en el corazón" (Mt. 5:28). La culpa radica no en el acto explícito, sino en la voluntad y la intención de hacerlo.

> La culpa radica no en el acto explícito, sino en la voluntad y la intención de hacerlo.

Todo acto que se lleva a cabo con un propósito egoísta o malvado es un acto malo sin importar lo que parezca. Todo acto que se lleva a cabo por amor es un buen acto, aun si por ignorancia o alguna falta el resultado no resulte bueno para los involucrados. Por ejemplo, una madre cristiana, que se levanta en la madrugada para cuidar a un niño enfermo solo porque lo ama y desea que se mejore, está llevando a cabo un acto bueno, aun si en su ignorancia puede que en realidad falle en cuidarlo adecuadamente. Y la madre que se encoleriza por cuidar a un niño al que odia estaría llevando a cabo un acto malo, aun si su habilidad superior la faculta para cuidar bien de él.

Debemos examinar cuidadosamente nuestros motivos. Algún día, pronto, estarán allí para bendecirnos o maldecirnos. Y no hay escapatoria, porque el Juez conoce los pensamientos y las intenciones del corazón.

MÁS QUE UNA CANCIÓN

Existe una noción, con mucha acogida entre cristianos, según la cual una canción es la expresión suprema del gozo del Señor en el alma humana. Dicha idea se considera tan cierta que puede parecer una ofensa espiritual contrariarla. No es nuestro deseo quitar pelusa teológica o arrancar alas de moscas religiosas solo por la emoción que pudiera procurar tal acto sádico. Probablemente existen cientos de nociones equivocadas en todas nuestras cabezas; nociones que, si bien equivocadas, son demasiado insignificantes para merecer nuestra atención. Son como las pequeñas imperfecciones físicas que todos tenemos, inofensivas e incluso hermosas, y completamente triviales para ser mencionadas por gente seria.

Sin embargo, la idea de que la canción es la expresión suprema de toda experiencia espiritual no es irrelevante. Es significativa y considerable, y necesita ser sometida a la prueba de las Escrituras y del testimonio cristiano. Tanto la Biblia como el testimonio de mil santos demuestran que hay experiencias por encima de la canción. Hay deleites del corazón gozoso en la formidable presencia de Dios que no pueden encontrar expresión en el lenguaje, y que pertenecen al aspecto inenarrable de la experiencia cristiana. No muchos los gozan, porque no muchos saben que pueden hacerlo. El concepto de adoración inefable se ha perdido por completo en esta generación de cristianos. Nuestro nivel de vida es tan bajo que nadie aspira a conocer las profundidades del alma sino hasta el regreso del Señor. Así que nos contentamos con esperar, y mientras esperamos, nos inclinamos a alentar a veces nuestro corazón entonando una canción.

Ahora bien, lejos está de nosotros desalentar el arte de cantar. La creación misma empezó con un estallido de canción, Cristo se levantó de los muertos y cantó entre sus hermanos, y tenemos la promesa de que quienes han vivido en el polvo se levantarán y cantarán en la resurrección. La Biblia es un libro musical y, después de las Escrituras, el mejor libro que se puede poseer es un buen himnario. Pero hay algo más allá de la canción.

Aunque la Biblia y las biografías de cristianos subrayan la importancia del silencio, hoy no lo usamos en absoluto. El culto promedio en los círculos evangélicos de estos días se mantiene vivo mediante el ruido. Con la estridencia religiosa pretendemos hacer creer a nuestra alma vacilante que todo está bien. En cambio, sospechamos del silencio y lo consideramos como la prueba de que una reunión está "muerta". Incluso los más devotos parecieran pensar que deben alborotar el cielo con ruidos estridentes y bramidos o, de lo contrario, sus oraciones serían estériles.

> El concepto de adoración inefable se ha perdido por completo en esta generación de cristianos.

Ahora bien, no todo silencio es espiritual. Algunos cristianos callan porque sus lenguas mortales no pueden expresar lo que tienen para decir. No hablaremos del primer caso por el momento, sino que limitaremos nuestros comentarios al último.

Dondequiera que se le permite al Espíritu Santo obrar plenamente en un corazón redimido, la progresión suele ser la siguiente: primero, alabanza expresada en palabras, oración o testimonio. Luego, cuando el crescendo supera la capacidad del lenguaje conocido, viene la canción. Cuando la canción se disipa bajo el peso de gloria, viene un silencio donde el alma, cautiva en un estado de profunda fascinación, se siente bendecida con una dicha inefable.

Me permito ofrecer mi opinión, a riesgo de parecer extremista o fanático. Pienso que hay mayor progreso espiritual en un momento breve de inenarrable silencio en la formidable presencia de Dios, que en años de solo estudio. Mientras nuestras facultades mentales estén al mando, siempre habrá un velo de la naturaleza entre nosotros y el rostro de Dios. Solo cuando nuestra presunta sabiduría ha sido confrontada y derrotada en un encuentro vehemente con la Omnisciencia, se nos permite conocer de verdad. Cuando estamos postrados y sin palabras, el alma recibe conocimiento divino como el rayo de luz sobre la película fotográfica. Puede que la exposición sea breve, pero los resultados son permanentes.

ACERCA DEL USO INCORRECTO DE LAS ESCRITURAS

De todos los libros del mundo, el más citado, el más malinterpretado y mal aplicado es la Biblia. El error que se desprende del uso incorrecto de las Escrituras es la noción de que todo en la Biblia se aplica de manera indiscriminada a todas las personas. Este es un gran error que debe evitar todo pensador cuidadoso. La Palabra de Dios se dirige solamente a ciertas personas. Es decir, a quienes gozan de una relación especial con Él bajo los términos de la redención. Tal como las naciones gentiles no podían reclamar las promesas del pacto que Dios había hecho con Israel, las garantías y las promesas hechas a las personas que se han arrepentido y creído no pueden aplicarse a quienes no creen ni se arrepienten.

Las palabras sagradas de Jesús, "Nadie tiene mayor amor que este, que uno ponga su vida por sus amigos" (Jn. 15:13) se han aplicado a casi todas las personas que han dado su vida en el cumplimiento del deber: al policía en una golpiza, al médico que ingresa en una mina para tratar a un herido, o al soldado que muere en el campo de batalla. Se usan estas palabras para santificar los actos de muchos hombres que eran cualquier cosa menos creyentes, y que si estuvieran en vida, no harían más que reírse del asunto. Cristo se refería a Él mismo y a su sacrificio inminente en la cruz. El contexto lo deja claro, y cuando aplicamos las palabras de otro modo, lo hacemos conforme a nuestra propia autoridad y a riesgo propio.

Se dice que Adlai Stevenson, antiguo gobernador de Illinois, mientras se debatía sobre proponer o no su nombre como candidato a la presidencia, se sentía muy incómodo respecto al cargo. Se reportó que había repetido las palabras de Cristo en el huerto de Getsemaní, "Padre mío, si es posible, pase de mí esta copa; pero no sea como quiero, sino como tú" (Mt. 26:39).

> **De todos los libros del mundo, el más citado, el más malinterpretado y mal aplicado es la Biblia.**

Existe la remota posibilidad de que un verdadero santo de Dios, en un momento de oración intensa y examen de conciencia, pueda con profunda reverencia citar estas palabras del Salvador y aplicarlas a su caso personal. Sin embargo, usarlas en una convención política cayó como baldado de agua fría a algunos oyentes. En medio de oleadas interminables de gritos enronquecidos, de pomposas e infundadas declaraciones de logros, de amargas y agresivas denuncias contra los opositores, de actos pueriles carentes de sentido, de "danzas de serpiente" y soplidos de bocina, halagos serviles y mentiras categóricas, es difícil ver cómo el espíritu de las tiernas y solemnes palabras de nuestro Señor pueda tener cabida allí. Todas las convenciones políticas son iguales, sin importar a qué partido pertenezcan, y si Cristo apareciera en una de ellas y exigiera el reconocimiento de su señorío y obediencia a sus mandatos, lo abuchearían y el sargento en armas lo sacaría del recinto. Aun así, citan sus palabras como si tuvieran cabida allí, lo cual es sin duda una pésima aplicación equivocada de las Escrituras.

Alguna vez conocimos a un joven más bien vicioso que, a

pesar de llevar una vida disoluta, presumía de la cantidad de pasajes de las Escrituras que podía citar. Una noche experimentó un angustioso arrepentimiento, se volvió de su pecado, y buscó la salvación por medio de Cristo. Su condición parecía irremediable, pero se aferró con desesperación a la fe. Al final hubo luz y volvió a la vida. Más adelante, al comentar su experiencia, reconoció con una sonrisa irónica que en su hora de agonía todos los versículos de las Escrituras que conocía lo abandonaron, excepto uno: "Para los hombres esto es imposible; mas para Dios todo es posible" (Mt. 19:26).

El Espíritu Santo se reserva el derecho de activar la verdad en las almas de quienes acuden a Dios en la mansedumbre de la humildad. En cambio, el uso irresponsable o irreverente de las palabras de la Biblia no aprovecha y puede causar daños irremediables.

18

MEDITACIÓN ENTRE HOJAS SECAS

Aquí en el norte, los campos se están tornando pardos, y los arces de rojo encendido bordean los caminos y adornan por doquier el césped del pueblo. El aire es ligeramente dulce con el aroma de hojas tostadas cuando el hombre y la naturaleza se unen para celebrar el fin del verano y la llegada de los "días melancólicos" de los que el buen Bryant cantaba, ya canoso. El cielo se viste de un azul vivo y el sol brilla intensamente, aunque su luz se atenúa por el humo de mil fogatas alimentadas por guirnaldas marchitas y rizadas, que pocos días antes coronaban las copas de los árboles.

Podemos también aceptarlo, el verano indio ha vuelto, y en cualquier momento veremos escarcha, o incluso los primeros copos de nieve, precursores ilusorios de los pesados y volumino-sos montículos que ciertamente les seguirán.

Todavía el aire es tibio, y las señas del verano no han desapa-recido por completo, pero una cosa falta: el canto de las aves que se escuchó hasta hace poco en la ciudad, en el campo, e incluso en las profundidades de las grandes ciudades. Ahora los bosques están extrañamente silenciosos, allí donde hace pocas semanas mil voces de aves cantaban al unísono la salida y la puesta del sol.

¿Dónde están los humildes Carusos del árbol y del arbusto, los Asaf del campo y el arrayán? Da pena decirlo, pero se han ido justo cuando más los necesitábamos. Han huido al sur para escapar del primer soplo del invierno. En compañía del verano anidaron en nuestros árboles y se alimentaron de grano en nuestros campos, pero olvidaron demasiado pronto, y nos dejaron sin mucho más que un aleteo amistoso de partida. Y nos duele un poco, porque los amamos mucho, y a pesar de las experiencias pasadas también confiamos en ellos. Ninguna criatura con tanta melodía en su garganta podría carecer de fe, o eso pensamos, pero nos equivocamos. Han traicionado nuestra confianza. Se han ido, y mientras nosotros tiritamos bajo el cuello estirado de nuestro abrigo, ellos estarán elevándose sobre tibias praderas llenas de vida, de flores, y de insectos coloridos.

Pues bien, podemos perdonarlos porque, al parecer, la naturaleza los hizo para habitar en la luz del sol. La escarcha aniquila su entusiasmo y destruye su canción. Son amigos del verano, y bien podemos aceptarlos tal como son. No obstante, el vuelo de los pájaros veraniegos nos deja una moraleja si somos lo bastante sensatos para verla, y la reflexión sobre las aves puede que nos resulte incómoda. Porque hay cristianos que parecen hechos solo para el sol. Necesitan una temperatura favorable antes de poder actuar como cristianos. Nunca han aprendido a llevar consigo su propio clima. Logran generar una cantidad increíble de entusiasmo mientras todo va bien, pero desaparecen a la primera señal de dificultad. No pueden servir a Dios en la nieve. Son estrictamente aves de verano. Nos abandonan cuando se acerca el invierno.

> **Debemos ocuparnos de los negocios de nuestro Padre.**

No cabe la menor duda de que sobre Cristo pesó más la cruz por cuenta de las acciones de sus discípulos: "Entonces todos los discípulos, dejándole, huyeron" (Mt. 14:50). Pablo expresó el repugnante sentimiento de zozobra que produce el abandono, cuando dijo: "Ninguno estuvo a mi lado, sino que todos me desampararon; no les sea tomado en cuenta" (2 Ti. 4:16). Todo cristiano verdadero, viva poco o mucho, tendrá la oportunidad de entender estas palabras del apóstol mediante la amarga experiencia. Hay demasiadas personas religiosas que son amigos veraniegos.

Ahora bien, ¿qué debemos hacer con estos amigos inconstantes? Orar por ellos y dejarlos en manos del Salvador que murió por ellos. Él los conoce mejor que nosotros, y a Él tendrán que rendir cuentas al final. No permitamos que afecten nuestro espíritu. Solo tomemos nota de su existencia, pongámonos las botas de trabajo y preparémonos para servir a Dios en un clima extremo. Cuando llegue la primavera, nos alegraremos, pero rehusemos huir de las tormentas del invierno. Debemos ocuparnos de los negocios de nuestro Padre. Él se encargará del clima.

19

¡NO DEBEMOS DEFENDERNOS, SINO ATACAR!

Tenemos demasiadas convicciones religiosas que son negativas. Por ello actuamos, no por una convicción positiva de que algo está bien, sino por un sentimiento de que lo contrario está mal. Nos volvemos alérgicos a ciertas creencias, y nuestras prácticas y reacciones violentas se desprenden de ello. Por consiguiente, nuestras reacciones se vuelven acciones, nos dejamos llevar por el enemigo en lugar de guiarnos por la verdad.

El razonamiento incorrecto que conduce a esto es el presupuesto de que si alguien está equivocado en algo, también lo estará en todo. Si un liberal o un miembro de una secta es conocido por favorecer cierta creencia, la rechazamos no porque sabemos que es un error sino porque conocemos al que la sostiene. De ahí que estemos siempre a la defensiva. Nos replegamos en nuestra posición como caballos obstinados en lugar de enfrentarlos como ovejas obedientes. Pensamos que la manera de estar en lo correcto es observar al enemigo, descubrir qué prefiere, y entonces escoger lo contrario.

No es difícil demostrar que muchas de nuestras doctrinas, las cuales defendemos con fervor, no son más que reacciones a lo que consideramos falsas doctrinas. Por ejemplo, la doctrina de la justificación por obras (en sí misma un grave error), ha llevado a algunos maestros a abrazar el error de la salvación sin obras, que es igualmente dañino. A muchos les repugna la idea de las "obras" debido a su asociación con el judaísmo gastado de la era neotestamentaria y el catolicismo de tiempos más recientes. Como resultado, tenemos una salvación sin justicia y una doctrina correcta sin las obras correctas. La gracia queda desprovista de un contexto moral y se convierte en la fuente de normas de conducta degradadas en la iglesia.

Una vez más, el temor al "legalismo" ha llevado a algunos miembros respetables del pueblo de Dios a posiciones tan grotescas que rayan en lo ridículo. Hace algunos años, en un boletín eclesial, encontré un ejemplo de este tipo de doctrina negativa. A fin de marcar una clara diferencia entre la ley y la gracia, un escritor sostenía que si un asesino acudiera a él y le preguntara cómo ser salvo, él no le diría: "Apártate de tu vida vieja, deja de cometer asesinato y cree en Jesucristo".

El propósito de Dios es darnos todo el poder necesario para combatir al enemigo.

Según el autor, eso sería mezclar la ley y la gracia. En su opinión, lo único bíblico que podría decir es: "Cree en el Señor Jesucristo y serás salvo". Tal enseñanza falta de santidad no podría venir directamente de las Escrituras, sino únicamente del hecho de que el autor se aleje, por temor, del error de la salvación por obras.

Hemos notado actitudes similares hacia la ciencia, la evolución, y varias filosofías actuales que consideramos contrarias o incompatibles con la fe cristiana. Nuestra reacción frente a esos enemigos es como una pelea a ciegas. Usamos gran cantidad de munición, pero la desperdiciamos cubriendo la retaguardia, lo cual, a lo sumo, logra nada más retardar lo que a todas luces es una retirada.

Creemos firmemente que el cristianismo es capaz, por sí

mismo, de sostenerse en pie. Cristo no necesita nuestra defensa nerviosa. La Iglesia no debe permitir que el enemigo la arrastre a pelear la guerra de su enemigo, permitiendo que el mundo incrédulo decida qué se debe creer y dónde y cuándo hay que actuar. En tanto que la Iglesia permita esto, está resignando a sus privilegios en Cristo Jesús.

"Recibiréis poder" (Hch. 1:8), dijo nuestro Señor a sus discípulos, y "poder" significa "la capacidad para hacer algo". El propósito de Dios es darnos todo el poder necesario para combatir al enemigo, en lugar de sentarnos pasivamente y permitir que él nos haga la guerra. Si alguien ha de estar a la defensiva, nunca debería ser la Iglesia. La verdad se valida a sí misma y se renueva a sí misma, y toda su psicología es la de ataque. La única defensa que necesita es su propio ataque recio.

¿Tal vez la causa encubierta de esta actitud defensiva en los evangélicos de hoy, motivada por el temor, sea la incapacidad de muchos líderes para vivir una experiencia espiritual auténtica? Es difícil que un hombre o una mujer que ha visto el cielo abierto y oído la voz de Dios en su propio corazón pueda dudar siquiera del mensaje que ha de proclamar.

20

MEDITACIÓN DE PASCUA

Nuestra celebración de la resurrección de Cristo en la primavera es una bella costumbre, y muy oportuna. Cuando la naturaleza vuelve a despertar a la vida después de un largo invierno de sueño, los pensamientos de los cristianos por doquier se concentran en el prodigio de la victoria del Señor sobre el sepulcro después de sufrir por el pecado y la muerte. La resurrección de Cristo fue un acto que se llevó a cabo una sola vez en un momento preciso de la historia. No depende en absoluto de estaciones ni celebraciones, y tampoco el milagro de la primavera añade cosa alguna a la gloria del acto cumplido. Sin embargo, las obras de Dios en la naturaleza arrojan una cálida luz sobre su obra redentora, y la primavera de la vida sobre la tierra ilustra el milagro de la vida en la nueva creación.

Nicolás Herman fue guiado a Cristo a los dieciocho años de edad al observar en pleno invierno un árbol seco y sin hojas, y al imaginar la clase de cambio que produciría la primavera en su condición. Pensó que si Dios podía obrar semejante transformación en un árbol, también podría cambiar el corazón de un pecador. Y Dios no le falló. Su corazón experimentó un cambio, y a partir de ese día su vida se consagró al servicio de Cristo. Un sinnúmero de cristianos en los últimos 300 años ha agradecido a Dios que Nicolás viera aquel árbol sin hojas.

Se requiere cierta medida de fe para creer, en medio del helado y silencioso paisaje invernal cubierto de hielo y nieve, que en cuestión de semanas desaparecerá todo vestigio de escarcha, los montes blancos se vestirán de verde, y los arroyos congelados correrán libres bajo el sol de verano. Con todo, nuestra confianza nunca queda frustrada. "De Jehová es la tierra" (Éx. 9:29) y "[Dios renueva] la faz de la tierra" (Sal. 104:30).

Es difícil imaginar algo menos esperanzador que un entierro. Cuando el cuerpo de Cristo fue bajado de la cruz, envuelto en un lino limpio y puesto en un sepulcro nuevo cavado en la roca, ¿cuántos de los que lo vieron creyeron que en tres días ese Hombre muerto caminaría de nuevo, vivo para siempre? Pero eso fue lo que sucedió. La vara de Aarón reverdeció. El árbol sin hojas donde murió el Salvador floreció. El toque divino convirtió la muerte absoluta en vida, y el patíbulo en puerta hacia la eternidad.

Las obras de Dios en la naturaleza arrojan una cálida luz sobre su obra redentora.

La resurrección de Cristo, reitero, es un hecho que sucedió una vez. "Sabiendo que Cristo, habiendo resucitado de los muertos, ya no muere; la muerte no se enseñorea más de él" (Ro. 6:9). No obstante, los cristianos mueren. Cada día los cuerpos de hombres y mujeres creyentes son llevados al cementerio y enterrados con cánticos de descanso y apacibles repeticiones de las Escrituras. Sin importar cuánto intentemos rehuir los hechos, los cristianos mueren tal como su Señor murió antes que ellos. Su fría indefensión, su repentino silencio que resulta imposible de romper con ruegos de amor angustiado, su aparente derrota a manos de las implacables fuerzas de la naturaleza, todo ello aturde el corazón y, la verdad sea dicha, suscita incómodos temores de que no hay más, que nunca más veremos a nuestros amigos. Es invierno cuando enterramos a nuestros seres queridos. Así lo parece al corazón natural. Así debió parecer a algunos cristianos tesalonicenses. ¿Por qué más habría tenido Pablo que escribirles y exhortarles a no entristecerse como otros que no tienen esperanza?

Una enseñanza que nos deja la resurrección es que no debemos confiar en las apariencias. El árbol sin hojas dice por su apariencia que no habrá otra primavera. El cuerpo que yacía en el sepulcro nuevo de José parece marcar el fin de todo para Cristo y sus discípulos. El cuerpo flácido de un creyente que acaba de morir sugiere una derrota perpetua. Sin embargo, cuán equivocadas son las apariencias. El árbol volverá a florecer. Cristo se levantó al tercer día conforme a las Escrituras, y el cristiano se levantará a la voz del Señor y del arcángel.

La fe puede aceptar la apariencia de derrota, consciente de que el verdadero creyente no puede, al final, ser derrotado. "Porque yo vivo, vosotros también viviréis" (Jn. 14:19). Ese es el mensaje de Pascua. Qué bendito mensaje para el mundo entero, si tan solo los hombres lo creyeran.

21

LA IMPORTANCIA DE
LA DIRECCIÓN

En la carrera cristiana, lo vital no es la velocidad ni la distancia alcanzada, sino la dirección. Por esta razón, las Escrituras exhortan al corredor a tener paciencia, y nada dice respecto a la velocidad. Al Señor pareciera interesarle más hacia *dónde* nos dirigimos que *cuán rápido* avanzamos. Un ritmo continuo en la dirección correcta conducirá finalmente a la meta correcta, pero si la vida se dirige hacia la meta equivocada, la velocidad solo nos alejará más en menos tiempo.

La falta de dirección es la causa de muchos fracasos trágicos en las actividades religiosas. Las iglesias están infestadas de personas de ambos sexos (aunque en su mayoría hombres) que nunca han experimentado un llamado particular y claro de Dios. Con frecuencia, tales personas son víctima del capricho y la casualidad, y son presa fácil de líderes ambiciosos que buscan protagonismo usando a otros para sus propios fines. El cristiano sin dirección es el que apoya lo novedoso y lo espectacular, sin importar si se conforma o no con las Escrituras y la voluntad de Dios revelada.

Se ahorra mucho tiempo y esfuerzo si sabemos lo que debemos hacer y nos concentramos en ello, rehusando en toda paz apartarnos de nuestra tarea. Pablo dijo "una cosa hago", y al simplificar sus actividades logró optimizar al máximo su rendimiento. Debemos evitar el error de suponer que las muchas ocupaciones logran mucho. Gran parte de nuestra actividad presente se puede comparar al viejo cuya pata de palo se quedó atascada en un agujero en la acera y giró toda la noche sobre ella en su intento de volver a casa.

Entre más nos alejamos de nuestros comienzos, mayor será la tentación de ceder a las ideas confusas del fundamentalismo moderno y de juguetear con toda clase de celebridades momentáneas. Debemos resistir esta tentación con todo nuestro ser. Si adoptamos las tendencias eclesiales ciegas del siglo XX, sin duda desperdiciaremos nuestro tiempo y el dinero de los demás creyendo equivocadamente que hacemos la voluntad de Dios. Señor, líbranos de semejante calamidad.

> La falta de dirección es la causa de muchos fracasos trágicos en las actividades religiosas.

Si a veces parece que vamos un poco lento, vale recordar que sí sabemos la dirección hacia la cual hemos sido enviados, y que mientras sigamos ese impulso original hemos sido bendecidos con un éxito que supera todas nuestras expectativas. Es vital mantenernos en la dirección que Dios nos ha revelado. No fallemos en esto.

22

LA "BUENA CONFESIÓN" DE FABER

Hace varios años descubrí un testimonio cristiano que difícilmente tiene, en su belleza pura, paralelo en la literatura religiosa. El autor de esta confesión lírica fue Frederic W. Faber, quien compuso "Fe de nuestros padres", "Hay grandeza en la misericordia de Dios", "Jesús, Jesús, amado Señor", y muchos otros himnos predilectos. Al parecer, es casi la combinación más perfecta de discreta dignidad y renuncia gozosa que puede encontrarse en la literatura evangélica. Conviene tanto al silencioso estudio del místico como al agreste tabernáculo de la reunión de campamento.

Al leer esta confesión, debemos cuidarnos de considerar la experiencia de Faber como algo único. Debido a que nunca la hemos visto expresada en esos términos, podemos sentirnos tentados a suponer que pocos se han convertido de manera tan radical y profunda como Faber. Esto sería un error de juicio. Millones de personas se han convertido de manera tan maravillosa como Faber, pero solo uno en un millón tiene el don de expresarse para relatar su experiencia de manera tan completa y con exquisita perfección.

Un autor reciente ha comentado que junto con el poder para crear grandes obras de arte está el poder para disfrutarlo. La mente que puede apreciar mejor a Bach, a Da Vinci o a Milton es la más cercana en capacidad al genio mismo. Puede que el cristiano que logra entender y disfrutar un testimonio como este no esté muy lejos de la actitud espiritual del hombre que lo escribió. El alma terrenal no se sentirá a gusto con Faber.

Estamos convencidos de que miles de hombres y mujeres que leen estas palabras han tenido un encuentro revolucionario y transformador similar al de Faber. Lo que les ha faltado es el don de autoanálisis y la maestría literaria para describirlo en un lenguaje tan sublime.

Este es el texto, al que Faber tituló "Una buena confesión".

Lanzadas fueron las cadenas que me ataban,
la misericordia divina al pobre esclavo libertó;
la recia gracia celeste sopla en la mente aire fresco,
como cálidos vientos veraniegos que alegran el mar.

No hubo en el mundo más oscuro y vil pecado
ni cautiverio como los que ataban esta mi alma;
no hubo malicia ni astucia más despreciables
que mis sórdidas pasiones, o el control de Satanás.

Durante años cargué en mi pecho el infierno;
cuando Dios no era para mí más que pesar;
el día no procuraba deleite, ni la noche descanso,
me oprimía la sombra nefasta de horrible condena.

De todos los imposibles ninguno superaba
el de atravesar con luz calabozo tan profundo;
crear un mundo nuevo parecía menos sencillo
que liberar al esclavo de su yugo, al alma de su sueño.

Pero vino la Palabra y dijo "sea la luz",
y atravesó mi alma como dolor repentino;
bastó una mirada a mi Salvador, y toda la oscuridad,
como un sueño olvidado, huyó de mi corazón.

Rogué misericordia, y caí de rodillas,
confesé con mi corazón agonizante;
y la obra de unos minutos desvaneció
años de enfermedad, como soplos de mi boca.

¡Bendito sea Dios y el dulce Salvador que murió!
Ningún ciervo montés, ningún ave en las alturas,
ninguna ola espumosa que salta sobre la marea,
es una criatura más libre ni más dichosa que yo.

Aclamen todos, todos aclamen, la preciosa sangre,
que ha obrado prodigios de misericordia en mí;
que cada día acudan muchedumbres al torrente,
y Dios reciba gloria, y el pecador libertad.

23

CUIDEMOS NUESTRA CONVERSACIÓN

Me parece que la mayoría de cristianos se edifican muy poco los unos a los otros en sus conversaciones cotidianas, y que más bien a menudo se hieren mucho. Pocos pueden hablar durante determinado tiempo sin caer en un diálogo que no solo es inútil sino perjudicial.

Esta es una falta en nuestra vida que debe tratarse con seriedad. Con frecuencia, sucede que los efectos de un servicio se echan a perder por causa de conversaciones ligeras e indignas después de la reunión. Esto constituye una falta lamentable, porque el ministerio de cualquier iglesia debería ser una expresión pública de la espiritualidad pura que es la vida cotidiana normal de sus integrantes.

El ministro mismo debería simplemente llevar el domingo al púlpito el mismo espíritu que lo ha caracterizado a lo largo de toda la semana. No debería necesitar simular otra voz ni hablar en un tono diferente. El tema a tratar sería diferente de su conversación informal, pero el ánimo y la actitud expresados en sus sermones deberían ser idénticos a su diario vivir.

Las conversaciones vanas y perjudiciales frenan el avivamiento y contristan al Espíritu más de lo que imaginamos. Destruyen el efecto acumulativo de las impresiones espirituales, y obligan a que cada domingo se deba recuperar el ánimo devoto que se ha perdido durante la semana. De ahí que nos veamos

> **Las conversaciones vanas y perjudiciales frenan el avivamiento y contristan al Espíritu más de lo que imaginamos.**

obligados constantemente a repetir todo el trabajo de la semana anterior y retomar el terreno perdido por cuenta de las conversaciones infructuosas.

No es deseable que cultivemos el hábito de conversar constantemente de asuntos religiosos cuando nos reunimos con nuestros amigos. No hay prueba más evidente de nuestro carácter frívolo que la forma descuidada como hablamos a veces de religión entre nosotros. No estoy abogando por más conversaciones religiosas, ya que la jerga religiosa puede ser tan aburrida como cualquier otra y, peor aún, carecer de sinceridad y significado. El objetivo ideal es una conversación natural, decente y siempre motivada por el amor, ya sea que hablemos de las cosas de la tierra o de las cosas del cielo.

24

DEBEMOS VOLVER A EJERCER LIDERAZGO ESPIRITUAL

Alguien le escribió al piadoso Macario de Optina que su consejo espiritual había sido provechoso. "Eso es imposible —escribió Macario como respuesta—. Yo soy responsable únicamente de los errores. Todo buen consejo es el consejo del Espíritu de Dios, su consejo que solo por casualidad escuché correctamente y logré comunicar sin distorsionarlo".

He aquí una excelente lección que no debemos pasar por alto. Se trata de la dulce humildad del hombre de Dios. "Solo soy responsable de los errores". Él estaba completamente convencido de que su propio esfuerzo únicamente produciría errores, y que cualquier bien derivado de su consejo era resultado de la obra del Espíritu Santo en él. Al parecer, era más que un impulso repentino de deprecio por sí mismo, que incluso los hombres más orgullosos pueden sentir en ocasiones. Se trataba más bien de una convicción arraigada en él, una convicción que le dio dirección a toda su vida. Su prolongado y humilde ministerio, que brindó ayuda espiritual a multitudes, revela esto claramente.

En estos días en los que célebres "personalidades" llevan a cabo la obra del Señor conforme a los métodos del mundo del entretenimiento, es alentador pasar tiempo, a través de las páginas de un libro, con un hombre sincero y humilde que mantiene al margen su propia personalidad y pone todo el énfasis en la obra de Dios. Creemos que el movimiento evangélico seguirá alejándose más y más de la posición del Nuevo Testamento, a menos que su liderazgo abandone el estrellato moderno religioso y procure la santidad anónima que no busca alabanza ni protagonismo, y que se contenta solo con que Dios reciba la gloria y él pase desapercibido.

Entretanto que hombres como estos retomen el liderazgo espiritual, se puede esperar un deterioro progresivo en la calidad del cristianismo popular, hasta que alcancemos el punto en el que el Espíritu Santo se retire como la Shejiná del templo y quedemos como Jerusalén después de la crucifixión: solos y sin Dios. A pesar de todos los esfuerzos por doblegar la doctrina para probar que el Espíritu no abandona a los hombres religiosos, la historia revela claramente que a veces sí lo hace. En el pasado, Dios ha abandonado grupos cuando han llegado demasiado lejos para recuperarse.

> Al diablo le encantan las maniobras para distraer.

Queda por responder la pregunta acerca de si el movimiento evangélico lleva demasiado tiempo en pecado y se ha apartado demasiado de Dios para recuperar la cordura espiritual. En lo personal, no creo que sea demasiado tarde para arrepentirse, si quienes se llaman cristianos del día repudian el liderazgo malvado y buscan de nuevo a Dios en lágrimas y genuina contrición. El meollo del asunto está en el "si": ¿lo harán? ¿O están demasiado satisfechos con sus jugueteos y frivolidades religiosas como para reconocer su propio triste extravío de la fe neotestamentaria? Si esto es así, no queda nada más aparte del juicio.

Al diablo le encantan las maniobras para distraer. Él sabe bien cómo desviar la atención del cristiano que ora para que deje de enfocarse en sus ataques sutiles pero mortales, y se entretenga con asuntos obvios e inofensivos. Así, mientras los soldados del Señor se reúnen emocionados en una puerta, él con sigilo entra por otra. Y cuando los "santos" pierden interés en la distracción del momento, regresan para encontrar al enemigo piadoso y recién bautizado a cargo del culto. Son tan incapaces de reconocerlo que no tardan en adoptar sus caminos, y a eso lo llaman progreso. En el último cuarto de siglo hemos visto, de hecho, un giro tan radical en las creencias y prácticas del ala evangélica de la Iglesia, que equivale a una claudicación. Y todo esto bajo el manto del fervor ortodoxo. Con una Biblia bajo el brazo y un paquete de tratados en su bolsillo, los religiosos ahora se reúnen para realizar "servicios" tan carnales y paganos que difícilmente pueden distinguirse de las viejas comedias de antaño. Y cuando un predicador o un editor confronta esta herejía, solo se expone al ridículo y al maltrato desde todos los rincones.

Nuestra única esperanza es que hombres y mujeres valientes y discretos que solo buscan la gloria de Dios y la pureza de la Iglesia ejerzan más y más una renovada presión espiritual. Que Dios nos envíe muchos de ellos. Hace mucho que los necesitamos.

25

El cristiano es el verdadero realista

Algunos pensadores superficiales desestiman al cristiano como alguien que no es realista y vive en un mundo de fantasía. Dicen que "la religión es un escape de la realidad. Abrazarla es refugiarse en los sueños".

Su insistencia en este argumento ha logrado confundir a muchos y crear en muchas mentes una duda constante acerca de la validez del punto de vista cristiano. Sin embargo, no hay nada de qué inquietarse, ya que conocer mejor los hechos dispersará toda duda y convencerá a los creyentes de la validez de sus expectativas y la solidez de su fe.

Si el realismo es el reconocimiento de las cosas tal como son, los cristianos son, de todos los hombres, los más realistas. De todos los pensadores inteligentes son los más interesados en la realidad. Insisten que sus creencias corresponden con los hechos. Reducen los asuntos completamente al mínimo, a lo esencial, y sacan de su mente todo aquello que infle su pensamiento. Exigen conocer la totalidad de la verdad acerca de Dios, el pecado, la vida, la muerte, la rendición moral de cuentas, y el mundo venidero. Quieren conocer lo peor de sí mismos a fin de poder hacer algo al respecto. Hay algo en ellos que se niega a ser engañado, sin importar cuán placentero le resulte a su autoestima engañarse a sí mismo. Consideran cuán breve es el tiempo y cuán cierta es la muerte. No tratan de evitarla ni alterarla según les place. Estos son hechos, y ellos los enfrentan hasta las últimas consecuencias. ¡Son realistas!

Los de la fe cristiana no tenemos por qué estar a la defensiva. La responsabilidad de la prueba recae sobre el oponente. Achacar falta de realismo en el incrédulo puede resultar algo lógico e incontestable.

Los cristianos son, de todos los hombres, los más realistas.

El hombre o la mujer del mundo es el soñador, no el cristiano. Los pecadores nunca pueden ser ellos mismos por completo. Deben fingir toda su vida. Deben actuar como si nunca fueran a morir, a pesar de que saben muy bien que morirán. Deben actuar como si nunca hubieran pecado, cuando en el fondo de sus corazones saben muy bien que han pecado. Deben actuar como si Dios no existiera, ni el juicio, ni la vida venidera, y se inquietan sin cesar en sus corazones debido a su precaria condición. Deben mantener una apariencia despreocupada, al tiempo que temen los hechos y se estremecen bajo los azotes de la conciencia. La noticia de la muerte repentina de un amigo los asalta con la inquietud de que ellos pueden ser los próximos, pero no se atreven a manifestarlo. Deben enmascarar su terror lo mejor posible, y seguir actuando su parte. Toda su vida adulta deben eludir, encubrir, y disimular. Cuando al fin dejan de actuar, se enloquecen, se vuelven a Cristo, o intentan suicidarse.

Dime, oh mundano, ¿tendré acaso razón
para que te envidie mi corazón?

26

ORAR HASTA QUE OREMOS

El doctor Moody Stuart, un gran hombre de oración de una generación pasada, redactó alguna vez una serie de reglas como guía para sus oraciones. Entre dichas reglas incluyó la siguiente: "Ora hasta que ores".

El evangelista americano Juan Wesley Lee ilustró la diferencia entre orar hasta que te rindes y orar hasta que oras. Con frecuencia comparó una temporada de oración con un culto de iglesia, e insistió que muchos de nosotros concluimos la reunión antes de que el servicio termine. Confesó que una vez se levantó prematuramente de una sesión de oración, y empezó a caminar por la calle para atender un asunto urgente. Solo había recorrido una corta distancia cuando la voz interior le hizo el reproche: "Hijo, ¿no pronunciaste la bendición antes de que terminara la reunión?" Él comprendió, y de inmediato volvió al recinto de oración donde permaneció hasta que desapareció la carga y descendió la bendición.

El hábito de terminar nuestras oraciones antes de haber orado realmente es tan común como desafortunado. Con frecuencia, los últimos diez minutos tienen más significado para nosotros que la primera media hora, porque debemos pasar mucho tiempo para lograr el ánimo apropiado que nos permita orar con eficacia. Puede que necesitemos luchar con nuestros pensamientos para lograr enfocarlos, después de que han estado dispersos por la multitud de distracciones que resultan de vivir en un mundo desordenado.

En esto, como en todos los asuntos espirituales, debemos asegurarnos de distinguir entre lo ideal y lo real. Lo ideal sería vivir en todo momento en un estado de unión tan perfecta con Dios que no necesitemos de ninguna preparación especial. Sin embargo, la realidad es que pocos pueden afirmar con sinceridad que esa es su experiencia. La franqueza nos obliga, a la mayoría de nosotros, a reconocer que a menudo batallamos antes de poder escapar de la alienación emocional y el sentido fantasioso que a veces nos nubla como una especie de disposición que prevalece.

> El hábito de terminar nuestras oraciones antes de haber orado realmente es tan común como desafortunado.

Sea lo que sea que dicte el idealismo soñador, estamos obligados a lidiar con asuntos de la realidad práctica. Si cuando venimos en oración sentimos que nuestro corazón está desganado y poco espiritual, no debemos tratar de convencernos de lo contrario. Antes bien, debemos reconocerlo y orar con franqueza, para vencer en oración. Algunos cristianos sonríen ante la idea de "vencer en oración", pero encontramos algo similar en los escritos de casi todos los santos que se consagraron a la oración desde Daniel hasta el presente. No podemos darnos el lujo de parar de orar hasta que hayamos orado realmente.

27

OBEDIENCIA: UNA DOCTRINA OLVIDADA

Existe lo que William James denominó "cierta ceguera en los seres humanos" que nos impide ver lo que no queremos ver. Esto, junto con la obra del diablo mismo, puede dar razón del hecho de que la doctrina de la obediencia esté tan olvidada en los círculos religiosos modernos. Por supuesto, se reconoce que Dios espera que seamos "hijos obedientes" (1 P. 1:14), pero rara vez se subraya lo suficiente para producir actos de obediencia. Muchas personas parecen sentir que ya hemos cumplido con nuestra obligación de obedecer mediante el acto de creer en Jesucristo al principio de nuestra vida cristiana.

> **Tratar de creer sin obedecer produce una gran confusión y desilusión.**

Debemos recordar que "la voluntad es la sede de la verdadera religión en el alma". Nada genuino ha hecho jamás un hombre o una mujer en su vida hasta que su voluntad ha sido sometida en obediencia activa. Fue la desobediencia lo que ocasionó la ruina de la raza. Es la "obediencia de fe" lo que nos restituye el favor divino.

Tratar de creer sin obedecer produce una gran confusión y desilusión. En esa posición somos como un pájaro que intenta volar con un ala guardada. Apenas logramos volar en círculo, y tratamos de darnos aliento con la esperanza de que esa bola de plumas que gira es la evidencia de un avivamiento próximo. Una gran cantidad de oraciones en el altar de nuestras reuniones de campamento tiene el efecto idéntico de un buen llanto. Libera emociones reprimidas y relaja la tensión nerviosa. La sonrisa que produce se acepta como evidencia de que ha tenido lugar una profunda obra espiritual. Esto puede ser para algunos un error trágico, lo cual resulta en un daño permanente y una pérdida para la vida espiritual.

Un sometimiento pasivo puede que no sea sometimiento en absoluto. Someterse a la voluntad de Dios debe suponer estar dispuesto, a partir de entonces, a acatar sus órdenes. Cuando el corazón está irrevocablemente comprometido a recibir y obedecer las órdenes del Señor mismo, se ha llevado a cabo una obra específica, pero no antes. Es improbable que en medio nuestro veamos transformaciones notables de individuos o iglesias, a menos que los ministros del Señor vuelvan a dar a la obediencia el lugar de prominencia que ocupa en las Escrituras.

28

CRISTIANOS HONORABLES

De cuando en vez oímos acerca de un político u otra celebridad que es nombrado "jefe" de alguna tribu de indígenas norteamericanos. Lo saludan con solemnidad, se le aclama en sus asambleas con tonadas guturales, se le engalana con un llamativo tocado de plumas de águila, se le toman fotografías con los grandes hombres de la tribu, y se le acepta desde entonces como uno de sus jefes.

Su sonrisa de satisfacción nos dice claramente que todo el suceso le parece una broma, pero los indígenas con rostros serios al parecer lo toman todo con mucha seriedad. No se necesita mucha perspicacia para darse cuenta de que todas las ceremonias, los adornos, las plumas y las asambleas del mundo no pueden volver indígena a un hombre blanco. A lo sumo logrará ser nada más un jefe honorario, no real.

Comparemos esto con las muchas iglesias evangélicas que tienen demasiados miembros que son cristianos por iniciación, no por nacimiento espiritual. Los jefes de la tribu local los han reunido y les han dado la impresión de que son cristianos de hecho, cuando la verdad es que solamente lo son de nombre.

Todas las ceremonias religiosas inventadas por las prolíficas mentes de los líderes religiosos del mundo no pueden volver cristiano a un pecador. Ningún hombre, sin importar cuán pomposas y misteriosas sean sus vestiduras, puede volver cristiano a otro hombre. Las impresionantes asambleas de la bella iglesia, y los ritos solemnes del santuario no son nada más que el tipi del Gran Jefe de la tribu, solo que en mayor escala. Lo máximo que puede esperarse allí es religión por iniciación. Los que allí acuden solo salen como cristianos honorarios. La raíz de vida no está en ellos, y merecen más conmiseración.

Nuestro Señor nos dice simplemente que debemos nacer de nuevo si queremos entrar en el reino de Dios. No nos conformemos con una membresía honoraria en el reino. Y no demos nada por hecho. Hay demasiado en juego en esta área vital de nuestra vida.

29

DEMOS CON GENEROSIDAD, PERO SABIAMENTE

La cantidad de dinero que se desperdicia en la obra religiosa cada año es incalculable, pero debe aproximarse a los millones de dólares nada más en los Estados Unidos. Una de las desventajas de nuestro libre sistema protestante es la ausencia de verificación eficaz que impida a individuos irresponsables participar en empresas religiosas de su elección y aprovecharse del público cristiano para pagar sus cuentas. El resultado de esta clase de libertad es que el crimen organizado ha invadido por mucho tiempo el campo de la religión, y un sinnúmero de profetas autoproclamados se dan la gran vida a expensas de los santos.

No tengo en mente las grandes cantidades de dinero que se gasta en la propagación de muchos cultos falsos que prosperan como frondosa maleza en nuestro rico suelo estadounidense. Limitaré mis consideraciones al área de actividad religiosa que aparenta ser cristianismo del Nuevo Testamento. Los hechos indican que incluso allí hay problemas.

En años recientes, un número de factores combinados animan ciertas irregularidades en el campo de la obra religiosa, de modo que algunas personas de mala reputación logran enriquecerse a expensas del público cristiano generoso. En primer lugar, tenemos la extraordinaria prosperidad financiera que disfruta ahora la nación. En nuestros días, casi todo el mundo tiene dinero en abundancia para donar a causas religiosas o caritativas, y no es propio de la naturaleza humana dejar intacta una bonanza semejante, cuando es tan fácil apoderarse de ella en grandes cantidades lanzando alguna empresa religiosa y convocando a buenas almas a apoyarla.

Otro factor es la asombrosa velocidad de los transportes y las comunicaciones que la ciencia moderna ha puesto a nuestro alcance. La imprenta, el eficiente servicio de correo, la radio, el cine, y la popular emisión religiosa han hecho posible alcanzar al cristiano mediante peticiones masivas de dinero, con la certeza absoluta de que dichos llamados atraerán cuantiosas unidades del codiciado billete verde. Muchos de estos llamados están acompañados de audaces declaraciones de fe insólita. Da la impresión de que estos valientes guerreros están listos a lanzarse a cualquier estadio para luchar contra los enemigos del Señor sin ninguna protección aparte del resplandeciente escudo de la fe. El hecho terminante es que la mayoría de las aventuras están basadas en nada más espiritual que un conocimiento astuto de la generosidad comprobada del pueblo de Dios.

Hay que dar crédito, por siempre, a los hijos de Dios, de lo fácil que son conmovidos a dar de manera sacrificada con una historia enternecedora o la contemplación del sufrimiento humano. Basta nada más volar alrededor del mundo y volver con imágenes de miseria humana, y las amadas ovejas de Dios acuden sin tardar a que personas sin escrúpulos morales, e indignas de tocar el rebaño, las esquilen hasta dejarlas peladas. Los santos de buen corazón piensan con sus sentimientos y vacían su riqueza indiscriminadamente en proyectos que no merecen en absoluto su respaldo. La mayoría de los cristianos son renuentes a cuestionar la honestidad de alguien que pronuncia un discurso halagador

Todos debemos rendir cuentas del uso que hacemos de la riqueza que disfrutamos.

acerca del Señor, y que suda cuando predica. A estos entregan grandes sumas de dinero, y nunca les exigen ni les piden cuentas. Esto habla bien de sus corazones, pero deja mucho que desear de su discernimiento espiritual.

Consciente de cuán sensibles somos los estadounidenses acerca de nuestro derecho a decidir cuándo y dónde debemos dar, y a quién debemos respaldar, no espero que mis lectores tomen esta amonestación sin replicar. Estoy listo para que me digan que interfiero en asuntos que no son de mi incumbencia. A esto respondo que yo sé personalmente que hay muchos pastores piadosos que en privado deploran la explotación del pueblo de Dios a manos de personas inescrupulosas, pero son demasiado tímidos para decirlo públicamente. Los necios corren aprisa donde incluso los ángeles temen andar, y si estos ángeles no hablan para proteger a los santos, alguien menos temeroso (y si es el caso, menos angelical) debe hacerlo.

Además, todos debemos rendir cuentas del uso que hacemos de la riqueza que disfrutamos. Dar para impulsar proyectos deshonestos es desperdiciar el dinero de Dios, y en el gran día tendremos que explicarle por qué lo hicimos. Nos conviene ser cuidadosos y orar antes de ofrecer nuestras ofrendas. No demos menos, pero sí más sabiamente. Algún día nos alegrará haberlo hecho.

30

PALABRAS SINTOMÁTICAS: "JUSTO" E "INJUSTO"

Las palabras solo significan lo que el que las usa quiere que signifiquen, y no quiero volver una palabra "culpable por asociación". Sin embargo, para cada estado de ánimo existe una expresión verbal característica, y cuando se emplea una determinada palabra, podemos suponer con cierta precisión que viene acompañada de cierto estado de ánimo. Por esta razón, se puede decir que las palabras son sintomáticas. En sí mismas no son salud o enfermedad, pero sí pueden indicar la presencia de una de las dos. También pueden revelar qué clase de enfermedad padece el que las usa, o el grado de salud del que goza.

Esta observación es el resultado de escuchar las conversaciones de personas religiosas. Al cabo de un rato de escuchar a algunos cristianos, uno empieza a percibir salud o enfermedad en su alma. Ciertas palabras brotan naturalmente y nos revelan más acerca del interlocutor de lo que podríamos soñar conocer, y ciertamente más de lo que deseamos saber. Las palabras son sintomáticas.

Una de esas palabras que se emplea a veces entre los cristianos es "justo", o su desagradable hermana "injusto". Las personas emplean estas palabras para describir el trato que reciben de otros. Aparentan ser palabras completamente inocuas, e incluso indispensables. Sin embargo, revelan una actitud interior que no tiene lugar entre cristianos. El hombre que se refiere a algún acto como "injusto" para él, no es un hombre victorioso. Está derrotado interiormente, y para defenderse apela al árbitro para señalar que han cometido una falta contra él. Cuando lo sacan en una camilla, esto le da un pretexto para guardar las apariencias mientras sanan sus moretones. Siempre puede atribuir su derrota al hecho de que otros lo han tratado injustamente.

Los cristianos que comprenden el verdadero significado de la cruz nunca lloriquean por ser tratados injustamente. Nunca pasa por su mente la cuestión de si se les ha tratado o no justamente. Saben que han sido llamados a seguir a Cristo, y ciertamente Cristo no recibió nada parecido en lo más mínimo a un trato justo por parte de la humanidad. En ello radica precisamente la gloria de la cruz: que un Hombre sufrió injustamente, fue maltratado, calumniado, y crucificado por personas indignas de respirar el mismo aire con Él. Y aun así, no abrió su boca. Aunque lo injuriaron, no reaccionó con odio; y cuando sufrió, no amenazó a nadie. El corazón reverente no puede siquiera concebir que Él gritara pidiendo un juego justo. Consagró su vida entera a restituir algo que Él no había robado. Si se hubiera sentado a calcular cuánto debía, y luego hubiera decidido no pagar más, el universo moral entero habría colapsado.

Al cristiano victorioso no le interesa exigir la medida justa que le corresponde. El amor no busca lo suyo, y lo extraño es que el santo dichoso que abre su mano para que otros lo roben siempre terminará siendo más rico que aquellos que lo robaron.

En ocasiones, es verdad, Dios permite que su pueblo padezca injusticias que no reciben un juicio, y espera el día de hacer cuentas y pesar la balanza. Sin embargo, sus juicios por lo general no tardan demasiado. E incluso dando por hecho que los cristianos deben padecer injusticias aquí en la tierra, si las enfrentan con buena actitud y sin queja, han vencido a su enemigo y ganado la pelea. Su deseo primordial es llegar a ser vencedores en su interior, y si son capaces de reír, amar y alabar aun cuando son maltratados, han cumplido el anhelo de su corazón. ¿Qué más puede pedir?

31

MÁS PALABRAS SINTOMÁTICAS: "RESENTIR" Y "RESENTIMIENTO"

En el capítulo anterior expuse que hay palabras reveladoras que encierran significados que no están incluidos en su etimología. Se citó la palabra "injusto" como una de ellas. "Resentir", en sus diversas formas, es otra.

He estado rodeado de círculos religiosos durante mucho tiempo, y nunca he escuchado a un cristiano victorioso usar la palabra "resentir". O en caso de que la haya usado, no fue para expresar sentimiento alguno en su corazón. En muchas conferencias y cientos de conversaciones, muchas veces he escuchado a personas decir "resiento eso", pero repito, nunca lo he oído de labios de cristianos victoriosos. El resentimiento simplemente no tiene cabida en un corazón amoroso. Antes de que pueda entrar el resentimiento, el amor debe haberse marchado y la amargura debe tomar su lugar. El alma amargada hará una lista de los desaires que le han ofen-

El resentimiento simplemente no tiene cabida en un corazón amoroso.

dido, y velará sobre ella como una madre osa protege a sus crías. Y la comparación es acertada, ya que el corazón resentido siempre es hosco y desconfiado como una osa.

Pocos espectáculos son más deprimentes que una persona que profesa ser cristiana defendiendo sus supuestos derechos y resistiendo amargamente cualquier intento por violarlos. Un cristiano semejante nunca ha aceptado el camino de la cruz. Desconoce por completo la dulce gracia de la mansedumbre y la humildad. Cada día se endurece más y se vuelve más agrio, tratando de defender su reputación, sus derechos o su ministerio, contra los ataques de sus enemigos imaginarios.

El único remedio para este problema es morir al yo y resucitar con Cristo a una vida nueva. El hombre o la mujer que pone como su meta la voluntad de Dios, llegará a la meta no defendiéndose sino negándose a sí mismo. Así, sin importar cómo lo traten las demás personas, él o ella seguirá en completa paz. La voluntad de Dios se ha cumplido. A este cristiano no le importa si vienen maldiciones o halagos, porque él o ella no busca ni lo uno ni lo otro, sino que quiere hacer la voluntad de Dios a toda costa. Luego, ya sea que esté en la cima de la aprobación pública o hundido en el abismo tenebroso, estará contento. Aunque alguien se complazca en aplastar a este cristiano, él no le guardará rencor, porque no busca su ascenso sino la voluntad de Dios.

Es triste que ciertos filósofos paganos hayan tenido que enseñar a los cristianos una lección tan simple como esta. Epicteto dijo: "Debo morir, ¿y acaso debo también morir gimiendo? Debo ser exiliado, y ¿qué me impide, pues, salir sonriendo, gozoso, y sereno? 'Revela un secreto'. No lo revelaré. 'Entonces te encadenaré'. Puedes ponerme grilletes, pero nadie puede privarme de mi libre albedrío. 'Te cortaré tu insignificante cabeza'. ¿Alguna vez te he dicho yo que mi cabeza tenía el privilegio de no poder ser cortada?", fue su respuesta.

"Esto es haber estudiado lo que debía estudiarse, haber puesto nuestros deseos y aversiones por encima de la tiranía, y por encima de la suerte. Debo morir. Si he de morir en el acto, moriré en el acto; si en poco tiempo, cenaré primero, y cuando llegue la hora, entonces moriré. ¿Cómo? Como corresponde a quien restituye lo que no le pertenece".

Que nadie rechace el razonamiento de este recio y viejo filósofo. Aun sin la luz de la gracia salvadora, él supo que un ser creado debía actuar bajo la poderosa mano de su Creador, y eso supera lo que al parecer muchos cristianos saben. Pero nosotros tenemos mayor autoridad que él para conducirnos como debe ser. Cristo nos dio ejemplo, y según esto no hay apelación posible. Tal como Él fue, nosotros debemos ser en este mundo, y Él nunca albergó una pizca de resentimiento contra hombre alguno. Incluso los que lo crucificaron fueron perdonados mientras lo hacían. No pronunció una sola palabra contra ellos ni contra los mentirosos e hipócritas que los impulsaron a matarlo. Él sabía mejor que cualquier otro cuán malvados eran todos ellos, y aun así mantuvo hacia ellos una actitud de comprensión compasiva. Ellos solo cumplían su deber, y aun quienes dieron la orden de llevar a cabo su macabra tarea no eran conscientes del significado de todo ello. A Pilato dijo: "Ninguna autoridad tendrías contra mí, si no te fuese dada de arriba" (Jn. 19:11). De modo que encomendó todo a la voluntad de Dios, pasando por encima de la marisma de personalidades. No guardó rencor contra nadie. No tuvo resentimiento alguno.

Lo peor de todo este asunto es que no vale la pena amonestar al respecto. Es imposible que el corazón amargado reconozca su propia condición, y si acaso el hombre resentido llega a leer esta editorial, sonreirá con suficiencia y pensará que me refiero a alguien más. Entre tanto, se hará más y más pequeño en su intento por ser grande, y se volverá más y más desconocido tratando de volverse famoso. Conforme empuja hacia su meta egoísta, sus oraciones serán acusaciones contra el Todopoderoso, y todas sus relaciones con otros cristianos estarán plagadas de sospecha y desconfianza.

Como dijo Spurgeon acerca de alguien: "Que cuando muera, brote hierba verde en su tumba, porque en vida nada creció jamás a su alrededor".

32

EL PROFETA ES UN HOMBRE APARTE

La Iglesia es testigo de Dios a cada generación, y sus ministros son su voz. Él habla por medio de ellos. Siempre se ha dado a conocer su voz en el mundo por medio de ellos y, por medio de ellos, Dios ha hablado a la Iglesia misma. El testimonio de los laicos piadosos de la Iglesia siempre ha sido una ayuda poderosa en la obra que busca llevar a cabo, pero los laicos nunca pueden hacer la obra de los ministros de la Iglesia. Tampoco es su llamado. En virtud de los dones y del llamado, el ministro es un hombre aparte.

Sin embargo, no es suficiente que el hombre de Dios predique la verdad. No tiene derecho a acaparar el tiempo de alguien para decirle nada más lo que es verdad. Dudo que un predicador se sienta halagado si alguien asienta con la cabeza y dice: "Eso es verdad". Lo mismo podría decirse si estuviera recitando las tablas de multiplicar, que también son verdad. Sin duda, una iglesia puede marchitarse tanto bajo el ministerio de una exposición bíblica sosa, como de la ausencia completa de Biblia. Para ser eficaz, el mensaje de un predicador debe estar vivo, debe alarmar, debe lanzar un desafío; debe ser la voz presente de Dios para un grupo de personas

> Para ser eficaz, el mensaje de un predicador debe estar vivo, debe alarmar, debe lanzar un desafío.

en particular. Entonces, y solo entonces, es palabra profética, y el hombre mismo, un profeta.

A fin de cumplir su llamado, el profeta debe vivir bajo la influencia constante del Espíritu Santo. Además, debe estar alerta a las condiciones morales y espirituales. Toda enseñanza espiritual debe estar relacionada con la vida real. Debe penetrar la vida cotidiana y privada de los oyentes. Sin necesidad de ser personal, el verdadero profeta logra penetrar la conciencia de cada oyente como si el mensaje estuviera dirigido solo a él.

A fin de predicar la verdad es necesario, a menudo, que el hombre de Dios conozca los corazones de las personas mejor de lo que ellas mismas lo conocen. Muchas veces las personas están confundidas en su interior, y el profeta ungido debe hablar a esta confusión con sabiduría que traiga claridad. Debe sorprender a sus oyentes con el conocimiento insospechado de sus pensamientos secretos.

La obra de un ministro es, en su totalidad, demasiado difícil para cualquier hombre. Debemos buscar en Dios sabiduría. Debemos buscar la mente de Cristo y confiarnos al Espíritu Santo para tener la agudeza mental y espiritual que esté a la altura de nuestra tarea.

33

No es una calle en una sola dirección

Mucho se oye en nuestros días acerca del número de jóvenes, en particular estudiantes de seminario, que renuncian a su fe en las Escrituras y, teológicamente, se pasan a la denominada posición liberal. Es innegable que cientos de jóvenes empiezan como evangélicos tibios, y al cabo de un año o más bajo la tutela de profesores incrédulos, dan la espalda a la fe de sus padres. Y no pretendemos negarlo. Siempre es mejor afrontar los hechos, sin importar cuán desagradable sea el panorama. Por desdicha, el recorrido entre fe e incredulidad es muy transitado, y las Escrituras declararon que así sería. No obstante, podemos alentar nuestros corazones sabiendo que la circulación no siempre se dirige hacia la incredulidad, sino que a veces e mueve en la dirección contraria.

De vez en cuando, llega la dichosa noticia de que algún "liberal" se hastía de la filosofía empalagosa y del coctel de poesía barata y psicología aplicada con que los han alimentado los modernistas, y vuelve a casa como el pródigo al hogar de su Padre. He sabido de varios casos en los últimos años, y sin duda hay cientos de otros de quienes no me he enterado. El siguiente testimonio es la prueba de que no todo el tránsito va en una sola dirección. Este es un aparte de una carta que escribió un pastor recién convertido de una iglesia denominacional a un amigo. Y habla por sí mismo.

Hasta el verano pasado yo no era más que otro profeta "liberal" falso, perdido y orgulloso, que predicaba un evangelio que no es evangelio, sino solo sentimentalismo barato que el mundo llama religión.

Hace tres meses el Señor me salvó y me ha hecho, sí, incluso a mí, una nueva criatura en Jesucristo. El verano pasado empecé a cansarme del panteísmo unitario que predicaba en nombre de Cristo. Me rebelé contra esto y empecé a predicar, estando todavía ciego, acerca del pecado y la salvación por la fe, mientras vivía confundido y molesto. Encontré a un nuevo amigo que empezó a ayudarme, con un enfoque intelectual, a desechar las trampas del liberalismo.

Entonces, un día, Dios quitó el velo de mi entendimiento, y de repente supe que Jesucristo murió mi muerte, que Él padeció la muerte que yo merecía por causa de mi pecado, ¡pero que si yo lo aceptaba como Señor y Salvador, no tendría que morir! Me rendí y lo entregué todo, para poder ser su esclavo. Jesucristo me aceptó y visitó el vacío de mi ser, y tomó mi vida para sí. ¡Qué gracia, y qué maravilloso es Él!

Solo quería que supieran que esto me ha sucedido por la gracia de Dios en Cristo. Cada hombre debe nacer del Espíritu, y cuando por la fe Dios le concede este don inefable, él lo sabe, porque el Espíritu mismo da testimonio a nuestro espíritu, y sabemos en quién hemos creído.

Mi pueblo aquí necesita salvación. Algunos conocen verdaderamente al Señor Jesucristo, pero muchos necesitan escuchar el mensaje de otro testigo. Oro porque el

Espíritu Santo venga con fuego y poder, y bautice a aquellos que han de creer.

Algo que puede alentar al verdadero cristiano es saber que el paso de la ortodoxia al liberalismo es por lo general lento, casi demasiado lento para ser percibido, mientras que el paso de vuelta a la fe es repentino. La incredulidad entra al alma por una filtración lenta; el veneno penetra los muros del alma mediante una especie de ósmosis espiritual, a fin de que la víctima esté demasiado envenenada antes de poder darse cuenta, y la condición patológica que produce, generalmente la incapacita para discernir lo que está mal. *Nunca he conocido el caso de alguien que haya aceptado el modernismo como resultado de una experiencia espiritual.* Antes bien, es la falta de esta clase de experiencia lo que expone al alma a la infiltración del veneno de la incredulidad.

El paso de la duda a la fe, por el contrario, suele ser repentino, incluso explosivo. Un hombre o una mujer *convierte* a Cristo por un encuentro repentino e impetuoso con Dios y la realidad espiritual. De repente, la conversación de esta persona se vuelve una revelación, una iluminación interior que evidencia las certezas de la vida espiritual con la marcada claridad del relámpago que alumbra el paisaje nocturno. Después de una prolongada y dolorosa búsqueda del corazón, después de lo que pudo ser una agonía tras luchar con el ángel, de repente raya el alba como amaneció sobre Jacob. Ya no cabe la menor duda. El corazón puede declarar: "¿Qué más tendré ya con los ídolos? Yo lo oiré, y miraré" (Os. 14:8).

> Un hombre o una mujer se *convierte* a Cristo por un encuentro repentino e impetuoso con Dios y la realidad espiritual.

El simple hecho de que el creyente *siempre experimenta* algo, y el incrédulo *nunca*, debería decirnos mucho. El liberal nunca puede tener certeza de nada; es contrario a su filosofía estar seguro de algo. Solo el verdadero cristiano está seguro. Él ha visto salir el sol, y las discusiones de los pseudo-intelectuales son incapaces de eclipsar el resplandor de su fe.

34

EL ESPÍRITU SANTO ESTÁ AQUÍ

Pentecostés no vino y se fue. Vino y se quedó. En sentido cronológico, el día puede encontrarse en el calendario histórico. En sentido dinámico, Él permanece con nosotros en toda su plenitud de poder.

Hoy es el día de Pentecostés. Con el bendito Espíritu Santo no hay ayer ni mañana, solo existe el eterno Ahora. Y puesto que Él es Dios plenamente, y goza de todos los atributos de la Deidad, no hay en Él un "allá". Él mora en un eterno "aquí". Su centro está en todas partes, sus límites en ninguna parte. Es imposible abandonar su presencia, si bien es posible hacer que retire la manifestación de esa presencia.

Nuestra insensibilidad a la presencia del Espíritu es una de las más grandes pérdidas que nos cuesta nuestra incredulidad y preocupación. Lo hemos convertido en dogma de nuestro credo, lo hemos encerrado en una palabra religiosa, pero poco lo hemos conocido por experiencia personal. Satanás nos ha estorbado todo lo que ha podido al suscitar opiniones conflictivas acerca del Espíritu, volviéndolo un tema de debates acalorados desprovistos de amor entre cristianos. Entre tanto, nuestros

> El Espíritu es enviado para ser nuestro Amigo, para guiarnos en el largo camino a casa.

corazones lo anhelan, y difícilmente sabemos lo que ese anhelo significa.

Nos convendría recordar que el Espíritu es Dios mismo, la naturaleza misma de la Deidad que subsiste en una forma que puede ser impartida a nuestra conciencia. Solo conocemos acerca de las otras personas de la Trinidad en la medida en que Él nos lo revela. Es su luz sobre el rostro de Cristo lo que nos permite conocerlo. Es su luz en nuestro interior la que nos permite entender las Escrituras. Sin Él, la Palabra de verdad es solo oscuridad.

El Espíritu es enviado para ser nuestro Amigo, para guiarnos en el largo camino a casa. Él es Cristo mismo que vive con nosotros, permitiéndonos cumplir su Palabra, "He aquí yo estoy con vosotros todos los días, hasta el fin del mundo" (Mt. 28:20), aun cuando Él se sienta a la diestra de la Majestad en los cielos.

Veremos un nuevo día cuando al fin dejemos a un lado las falsas nociones y los miedos insensatos, y permitamos al Espíritu Santo tener comunión con nosotros tan íntimamente como Él quiera, y hablarnos como Cristo habló con sus discípulos junto al mar de Galilea. Después de eso no puede haber más soledad, sino solo la gloria de la infalible Presencia.

35

EL ÁNGEL DE LO ORDINARIO

La historia de Zacarías y el ángel (Lc. 1:11-22) sugiere que las personas en estos extraños días ven las cosas de manera increíblemente desenfocada. Se requiere un verdadero esfuerzo mental para liberar a las masas de las filosofías falsas que las mantienen atadas.

Pensar que tan solo en los Estados Unidos, por el momento, se puede decir con toda exactitud que las masas de nuestra población piensan lo mismo acerca de casi todo. Nuestro derecho a disentir, del que tanto nos enorgullecemos, es una broma para el que puede ver más allá de su propia nariz. Salvo por el número poco significativo de rebeldes en medio nuestro, los estadounidenses reaccionamos de la misma manera hacia nuestros estímulos sociales. Estamos tan cuidadosamente condicionados como lo estaba el pueblo alemán bajo el mando de Hitler o los rusos bajo Stalin. La diferencia es que nuestro condicionamiento se lleva a cabo no por la fuerza sino por la publicidad y otros medios de educación masiva. La prensa, la radio y las diversas formas de entretenimiento, entre los cuales el cine es el más potente, han lavado el cerebro del estadounidense promedio de forma tan exitosa como lo hicieran las máquinas de propaganda totalitaria. Por supuesto que no hubo amenazas, ni campos de concentración, ni policía secreta. Sin embargo, el trabajo se llevó a cabo. Y la prueba de su eficacia está en el hecho de que aquellos que han experimentado dicho lavado no son conscientes de lo que les ha sucedido, y responderían a una noción semejante con ruidosas carcajadas. No obstante, sea que la víctima ría o llore, sigue siendo víctima.

Una señal siniestra de nuestros conceptos tergiversados es nuestra falsa actitud hacia lo ordinario. Se ha propagado por doquier la idea de que lo común y corriente es anticuado y solo sirve para tirarse a la basura. Casi a nada se le permite ser lo que es, y solo lo que es, en su estado natural. Hoy día todo tiene que ser "procesado". Por ejemplo, en algunos niveles de la sociedad, el espectáculo de una mujer que amamanta a su bebé suscita exclamaciones de asombro, si no de total desaprobación. ¿Acaso no han inventado la forma de producir mejores alimentos para bebé que la leche materna? Y, en cualquier caso, esa comida no ha sido "procesada", y tampoco se fabrica en un almacén sindicalizado. ¿Y cómo puede la señorita Estados Unidos verse sofisticada en una ocupación tan baja y ordinaria?

La obsesión con la sofisticación y el desprecio de lo ordinario son señales y presagios en la sociedad estadounidense. Incluso la religión tiene que ser sofisticada. Y en caso de que no sepas qué es la sofisticación, permíteme explicar que es una mezcla de sexo, maquillaje, patrañas y luces artificiales. Llegó a los Estados Unidos a través de la música honky-tonk y la industria del cine, fue aceptada primero por el mundo y luego se pavoneó por la iglesia, superficial, presuntuosa, despectiva. En lugar del Espíritu Santo en medio nuestro, ahora tenemos el espíritu de sofisticación, tan artificial como la muerte maquillada y tan hueca como un cráneo, que es su símbolo.

> Simplicidad, sinceridad y humildad siguen siendo virtudes de oro en el reino de Dios.

No es una simple figura de lenguaje afirmar que ahora tenemos que tratar con un nuevo espíritu en la religión. El nuevo cristianismo ha introducido claramente nuevos conceptos que nos miran desvergonzadamente dondequiera que nos movemos en los confines del cristianismo evangélico. Las virtudes sencillas, de gran estima para el corazón del profeta y el apóstol, y la sustancia de los sermones solemnes y fervorosos de nuestros antepasados protestantes, han quedado en el olvido, al igual que el caballo del bombero y el fuelle del herrero. El nuevo cristiano ya no quiere ser bueno, ni santo, ni virtuoso. Quiere ser feliz y libre, tener "paz mental" y, por encima de todo, quiere disfrutar de la experiencia emocional de la religión sin asumir ninguno de sus riesgos. Este individuo trae una versión pagana de la vida cristiana, y tuerce las Escrituras para que digan lo que él quiere. Y, aunque parezca mentira, esto hace el nuevo cristiano al tiempo que reclama ser descendiente verdadero y directo de los apóstoles e hijo legítimo de la Reforma. Los modelos espirituales de esta persona no son hombres santos sino jugadores de pelota, horrendos boxeadores, y estrellas sentimentales pero no regeneradas de cualquier firmamento excepto del celestial.

El verdadero cristianismo se basa en la Biblia, y la Biblia es enemiga de toda pretensión. Simplicidad, sinceridad y humildad siguen siendo virtudes de oro en el reino de Dios. El ángel apareció a Zacarías cuando él desempeñaba su sencilla labor. No había nada sofisticado en la labor del anciano. No había algarabía, ni drama. Simplemente un anciano bueno haciendo lo que le habían enseñado hacer. No buscó publicidad. Las personas afuera no le prestaron atención. ¿Es demasiado pedir en esta vertiginosa era que un puñado de cristianos crean todavía en el ángel de lo ordinario?

Apaguemos por un momento las luces de colores y veamos qué pasa. Tal vez nuestros ojos logren acostumbrarse a la luz de Dios. Y ¿quién sabe? Tal vez alguien vuelva a ver a un ángel.

36

UNA REGLA PARA
TEXTOS COMPLEJOS

Todos sabemos que en la Biblia existen algunos pasajes de difícil comprensión. A los enemigos de la verdad les encanta sacar esos versículos complejos y mostrarlos como prueba de que la Biblia es un libro de errores y contradicciones. Los maestros de doctrina falsa los usan para enseñar ideas que no tienen sustento bíblico. Conviene que el verdadero cristiano sepa qué hacer con los pasajes difíciles.

Cuando leemos las Escrituras para nuestra edificación espiritual, es aconsejable simplemente pasar por alto el versículo difícil. Por ejemplo, el libro de Primera de Pedro tiene 103 versículos de bendita y alentadora verdad cuyo propósito es fortalecer e instruir al lector. También contiene dos versículos que son, como se refirió Pedro a algunos escritos de Pablo, "difíciles de entender". Aquellos que buscan a Dios se enfocarán en los 103 versículos que pueden entender, y esperarán a tener mayor claridad sobre los breves pasajes que les resultan difíciles. De otro modo, levantaríamos la fuerte sospecha de que jugamos con la Palabra de Dios y que nos alegra descubrir algo que calme nuestra conciencia.

Los pasajes en Primera de Pedro a los cuales hacemos referencia son: "en el cual también fue y predicó a los espíritus encarcelados" (3:19), y "porque por esto también ha sido predicado el evangelio a los muertos, para que sean juzgados en carne según los hombres, pero vivan en espíritu según Dios" (4:6). Ningún expositor bíblico humilde negará que estas palabras son difíciles de interpretar. En lo personal, creo que tengo una explicación satisfactoria, pero ¿qué pasaría si no la tengo y me veo obligado a reconocer que desconozco su significado?

Para responder a esto, yo daría a mis lectores una regla de interpretación para el estudio de las Escrituras que tiene aplicación universal. Es la siguiente: *Si no sé lo que significa un pasaje difícil, puedo al menos saber lo que no significa.*

En esto, es cierto que el falso maestro aventaja al cristiano. Tan pronto el cristiano admite que no conoce el significado de un versículo, el falso maestro aprovecha gustoso dicha confesión, y se entrega con brío a discutirlo. "¿No sabes lo que significa el versículo? Bueno, esto es lo que el señor Eddy, el juez Rutherford, o la señora Blavatsky, o José Smith dicen que significa. Ahí tienes el significado. Al fin la luz te ha iluminado". La seguridad con la que habla intimida al alma mansa que acaba de reconocer su ignorancia del significado del texto, y de inmediato se rinde a la guía del líder ciego.

Tomemos una ilustración casera. Estoy tratando de identificar una fruta que acabo de arrancar de un árbol. Es de color violeta, de forma ovalada, tiene una semilla grande en el centro y una serie de púas que recubren la cáscara, huele a rosa y sabe a sandía. Sacudo mi cabeza y reconozco que no sé de qué fruta se trata. De inmediato, un ayudante entusiasta aparece y dice: "Si no sabes qué es, yo puedo ayudarte. Es un banano. Ahora que te he iluminado, ven y sígueme. Sé muchas más cosas maravillosas".

Sin embargo, yo no me dejo engañar tan fácilmente. Mi respuesta es: "No, amigo, no voy a seguirte. Es cierto que no sé qué fruta es esta, *pero sin duda sé lo que no es. No es un banano*". Eso ahuyentará a mi pequeño ayudante con gran eficacia, especialmente si puedo mostrar un banano de verdad para hacer la comparación.

Ahora bien, ¿a qué nos lleva todo esto? Simplemente al hecho de que si bien puede resultarme imposible explicar un pasaje, no estoy obligado a aceptar de otro una explicación que es, a todas luces, falsa. No sé lo que significa, pero sí sé lo que no significa. Por ejemplo, puede que yo no sepa lo que significan esos extraños versículos que dicen que Cristo fue en su espíritu a predicar a los espíritus encarcelados. Pero sé lo que no significan. No significan salvación universal, ni una segunda oportunidad para salvarse después de la muerte, ni que el infierno ha quedado desocupado o abolido. La razón por la cual sé lo que no significan es porque estas doctrinas sencillamente no se enseñan en la verdad revelada en toda su extensión. Más significativo aún es que precisamente lo contrario se enseña plena y abiertamente en el resto de la Biblia.

> Deja que la Biblia entera hable, y descubrirás que habla con una sola voz clara.

He citado un pasaje de las Escrituras, no para resaltarlo, sino como un ejemplo claro entre una docena de pasajes difíciles que se encuentran en la Biblia. La misma regla se aplica a cada uno de ellos. El mensaje es el siguiente: deja que la Biblia entera hable, y descubrirás que habla con una sola voz clara. Escucha esa voz, y los versículos difíciles no te inquietarán.

"El que tiene oídos para oír, oiga" (Mt. 11:15). El sabio entenderá, pero es de esperarse que ciertos religiosos sigan especializándose en dificultades. Tienen un talento natural para torcer la doctrina, y nada que yo diga va a curarlos.

37

NO SE ACEPTAN REEMPLAZOS

Todo tiene su propia causa, tanto en el reino de Dios como en el mundo natural. La razón de la evidente reticencia de Dios para mandar avivamiento puede parecer profunda, pero no demasiado para que no pueda descubrirse. Solo necesitamos ser realistas y francos para enfrentar un hecho innegable. *Creo que nuestro problema es que hemos tratado de sustituir la oración por obediencia, y esto sencillamente no va a funcionar.*

Por ejemplo, una iglesia sigue sus tradiciones sin detenerse mucho a pensar si son o no bíblicas. O cede a la presión de la opinión pública y cae en las tendencias de moda que la alejan del modelo del Nuevo Testamento. Luego, los líderes se dan cuenta de la falta de poder espiritual de las personas, y se inquietan. ¿Qué pueden hacer? ¿Cómo pueden experimentar la renovación espiritual que tanto necesitan? ¿Cómo pueden hacer que caigan lluvias de avivamiento sobre sus almas que desfallecen?

La respuesta está a su alcance. Los libros dicen cómo: ¡oren! El evangelista de paso confirma lo que han dicho los libros: ¡oren! La palabra lo repite una y otra vez, en un crescendo hasta que se convierte en un rugido: ¡oren! Así que el pastor convoca a su pueblo a orar. Se pasan días y noches rogando a Dios su misericordia y un avivamiento sobre su pueblo. La ola de sentimiento sube y por un momento, parece que el avivamiento está en camino. Pero nada sucede, y el celo por la oración empieza a desvanecerse. Al poco tiempo, la iglesia regresa al punto donde comenzó, y un desaliento indiferente se posa sobre todos. ¿Qué salió mal?

Esto es simplemente lo que sucedió: ni los líderes ni la congregación han hecho esfuerzo alguno por obedecer la Palabra de Dios. Sintieron que su única debilidad era descuidar la oración cuando en realidad había muchas fallas en asuntos de obediencia vitales. "Obedecer es mejor que los sacrificios" (1 S. 15:22). La oración nunca es aceptable como reemplazo de la obediencia. El Señor soberano rechaza la ofrenda de sus criaturas que no está acompañada de obediencia. Orar por avivamiento cuando se pasan por alto o se incumplen los preceptos claramente consignados en las Escrituras es un gran desperdicio de palabras.

> La oración nunca es aceptable como reemplazo de la obediencia.

En años recientes se ha pasado por alto el hecho de que la fe de Cristo es un árbitro absoluto. Dicha fe se reserva el derecho prioritario sobre toda la personalidad redimida, y se apropia del individuo excluyendo cualquier otro reclamo. Más exactamente, formula toda reivindicación legítima sobre la vida cristiana, y determina el lugar que cada una debe ocupar dentro del plan general. El acto de comprometerse con Cristo en la salvación libera al creyente de la condena por el pecado, pero no lo exime de su obligación de obedecer las palabras de Cristo. Antes bien, invita a esa persona a someterse a la gozosa necesidad de obedecer.

Muchas personas piensan que las epístolas del Nuevo Testamento tratan en gran medida de exhortaciones, o simples buenos consejos. Al dividir las epístolas entre "doctrinales" y "de exhortación", nos hemos librado de cualquier responsabilidad de obedecer. Los pasajes doctrinales nada nos piden excepto que los creamos. Los pasajes catalogados como exhortación son bastante inofensivos, ya que el término que los describe los declara palabras de consejo y aliento, en lugar de mandamientos que deben obedecerse. Este es un error palpable. *No hay consejos en el Nuevo Testamento*, salvo tres pasajes en el séptimo capítulo de la Primera epístola de Pablo a los Corintios, y están señalados claramente como palabras que no llevan las credenciales de inspiración divina (vv. 6, 12, 25).

Aparte de estos versículos, las "exhortaciones" contenidas en las epístolas deben entenderse como mandatos apostólicos que tienen el mismo peso de las órdenes imperativas de la Cabeza de la iglesia. Están allí para que las obedezcamos, no para ser sopesadas como porciones de buenos consejos que tenemos la libertad de aceptar o rechazar a nuestro antojo.

Si queremos la bendición de Dios sobre nosotros, debemos empezar a obedecer. La oración será eficaz cuando dejemos de usarla como reemplazo de la obediencia. Cuando tratamos de hacer la sustitución, solo nos engañamos a nosotros mismos.

Huyan de la Idolatría

De todos los pecados, la idolatría es el más abominable para Dios porque constituye, en esencia, una difamación del carácter divino. Sostiene una opinión muy baja de Dios y, cuando difunde dicha opinión, es responsable de circular un rumor perverso acerca de la Majestad en los cielos. Por consiguiente, calumnia la Deidad. No es extraño que Dios la aborrezca.

Debemos cuidarnos de la cómoda costumbre de dar por hecho que la idolatría solo existe en tierras paganas, y que las personas civilizadas están libres de ella. Este es un error que deriva del orgullo y el pensamiento superficial. La verdad es que la idolatría se encuentra dondequiera que hay seres humanos. Cualquier persona que consiente un concepto indigno de Dios, entrega su corazón al pecado de la idolatría. Si además de esto personaliza su imagen mental inferior de la Deidad, y le ora, se ha convertido en un idólatra, sin importar que profese de nombre el cristianismo.

> **La idolatría se encuentra dondequiera que hay seres humanos.**

Es de vital importancia que pensemos de manera correcta acerca de Dios. Puesto que Él es el fundamento de todas nuestras creencias religiosas, es de esperar que si estamos equivocados en nuestras ideas acerca de Dios, nos perdamos en todo lo demás.

Los dioses falsos de la humanidad han sido y son muchos,

casi tantos como sus adoradores. Necesitaría un libro de gran extensión para enumerar los dioses que han recibido un nombre y que han sido adorados en alguna época en el mundo. Los obscenos dioses fálicos de la antigüedad eran probablemente, por simple perversión, los más despreciables. Muy cerca de ellos en la escala encontramos el escarabajo, la serpiente, el toro, y una gran variedad de aves, bestias cuadrúpedas y alimañas que se arrastran. Pablo dice claramente que esa clase de adoración degradada surgió de imaginaciones vanas y oscureció los corazones, y llevó a sus practicantes a rechazar el conocimiento de Dios.

En un grado más alto de la escala estaban los dioses menos viles de los grandes filósofos y religiosos de Grecia, Persia e India. Aquellos representaban las ideas más sofisticadas acerca de Dios que sostenían quienes buscaban seriamente la verdad. Sin embargo, se quedaban cortos del verdadero Dios porque se originaban en la mente de hombres caídos, y tenían la desventaja de no haber sido revelados por Dios para purificar y corregir sus conceptos. Adorarlos fue y es idolatría.

Sería alentador creer que semejante error es cosa del pasado, que pertenece a la infancia de la raza, y a lugares y tiempos que dejaron de existir hace mucho. Pero me pregunto si tenemos razón para llegar a tal conclusión.

¿Dónde deberíamos clasificar los muchos dioses de la actualidad? ¿Qué decir del glorificado presidente de la junta de la industria estadounidense? ¿O del dios cuentista adulador de algunos clubes? ¿O del dios de cara rojiza y hombros anchos que escucha las oraciones de los boxeadores que se inclinan en medio del tumulto y las grandes sumas de dinero? Luego encontramos el dios de ojos soñadores del poeta no regenerado. Este dios es amigable y artístico, y goza de la compañía de todo el que abrigue pensamientos elevados y crea en la igualdad social.

Cabe mencionar otro par de dioses modernos, diferentes entre sí en carácter y aun así muy parecidos en su falsedad. Uno es el astuto e inescrupuloso dios de la superstición. Este es el dios de los mensajes en cadena y de todos aquellos que practican la magia blanca. Aunque es un dios barato, de clase baja, sigue teniendo muchos adeptos en los Estados Unidos. El otro es el dios rígido e intelectualoide del teólogo inconverso. Se le conoce únicamente en la elite intelectual, muestra una marcada parcialidad hacia los doctos, y se codea exclusivamente con hombres que poseen muchos diplomas.

Las Escrituras son la única revelación de Dios digna de confianza, y nos alejamos de ella bajo nuestro propio riesgo. La naturaleza nos dice algo acerca de Él, pero no lo suficiente para guardarnos de sacar conclusiones equivocadas acerca de Él. Lo que podemos aprender de la naturaleza debe completarse y corregirse con las Escrituras, si hemos de escapar de conceptos equivocados e indignos acerca de Dios.

Los cielos declaran tu gloria, ¡oh Dios!
cada estrella pregona tu sabiduría;
pero cuando contemplamos tu Palabra,
leemos tu nombre con sin igual claridad.

Por supuesto que la revelación final de Dios es Cristo. "El que me ha visto a mí, ha visto al Padre" (Jn. 14:9), "el resplandor de su gloria, y la imagen misma de su sustancia" (He. 1:3). Conocer y seguir a Cristo es salvarse de toda forma de idolatría.

39

El mito de la autosuficiencia humana

Solo Dios es autosuficiente. Cuando los hombres se ufanan de ser autosuficientes, alimentan un mito que puede ser desmentido con un simple vistazo a la realidad.

Dondequiera que existe vida, hay energía que se gasta y la necesidad constante de renovarla para mantener al organismo en funcionamiento. Para sustentar la vida, es preciso mantener un equilibrio justo entre el consumo y la ingesta de energía. Cuando un organismo es obligado a gastar más energía de la que crea, y esto continúa hasta cierto punto, la vida cesa y la estructura completa colapsa. A esta condición la llamamos muerte.

La humanidad da por hecho esta elemental ley de la vida, y la estructura social proporciona lo necesario para el abastecimiento de materia con la que el cuerpo puede producir energía para reemplazar lo que pierde en la actividad normal. A esta materia la denominamos alimento, y nos referimos al proceso de introducirlo al organismo como alimentarse. Todo el proceso es un fenómeno aceptado de la vida humana, de modo que tenemos la tendencia a pasar por alto la profunda lección que nos enseña: *ningún organismo viviente es autosuficiente.*

El cuerpo humano no puede vivir por sí solo. Para vivir necesita la ayuda externa constante. A pesar de que están llenos de orgullo y rebosan de autosuficiencia, los hombres deben humillarse a sí mismos para recibir ayuda de la creación inferior. Cada monarca debe confiarse a la vaca ordinaria para recibir alimento. Cada señor que se pavonea por sus predios debe implorar su cena a la gallina del corral. La diva calculadora logra permanecer viva solo gracias a cerdos y peces. El genio debe recurrir a las abejas, los arbustos, las semillas y los frutos del bosque. De estas cosas proviene la energía sin la cual todos los hombres morirían, tanto notables como humildes.

En un sentido, todo el mundo vive por fe. Se requiere un tipo de fe natural antes de sentarnos a comer. Aquellos que se burlan de la fe deben, de todas formas, hacer uso de ella, o no pueden seguir recibiendo alimento. Y digan lo que digan, *sí* la usan. Se sientan con regularidad a comer con la completa confianza de que las gallinas, las vacas, los granos y las abejas no van a decepcionarlos. Su confianza está bien justificada, ya que su comida alimenta su cuerpo. La vida y la energía recompensan su fe.

Dios nos hizo dependientes de Él.

Lo que olvidan los hombres es que el cuerpo es nada más la morada del alma y, como el gran Plebeyo dijo con gran elocuencia: "Un invitado real viene a residir por un tiempo en una casa de barro". Lo que enseñaron profetas y apóstoles, al igual que Cristo mismo, es que el alma no es autosuficiente. No puede vivir por sí sola. Para recibir vida debe recurrir a algo o alguien por fuera de su propio organismo.

Esta profunda necesidad que tiene el alma del pan que sustenta la vida se cumple plenamente en la persona de nuestro Señor Jesucristo. "Mi Padre os da el verdadero pan del cielo" (Jn. 6:32). Comunicó y además se identificó a Sí mismo con ese pan. "Yo soy el pan de vida; el que a mí viene, nunca tendrá hambre; y el que en mí cree, no tendrá sed jamás" (6:35). Nada más el conocimiento básico de cómo viven los organismos tomando de su exterior elementos de vida debería bastarnos para poder entender el pasaje: "El justo por la fe vivirá" (Gá. 3:11).

Aunque la fe natural, mediante la cual viven los hombres la vida natural, sea completamente diferente de la fe salvadora, permite de todos modos ilustrar la fe que salva, y por analogía revela cómo opera. La persona humilde recibe a Cristo en su vida cuando toma de Él confiadamente. Lo que comer es para el cuerpo, creer es para el alma. Contemplar con los ojos del corazón es creer. "Y que por la ley ninguno se justifica para con Dios, es evidente, porque: El justo vivirá por la fe" (3:11). De modo que somos salvos por creer, y somos salvos por mirar, porque mirar y creer son lo mismo.

En resumidas cuentas, la trágica historia del mundo es la de hombres pecadores que intentan vivir en sus propios recursos y nunca lo logran, porque ignoran la regla más simple del universo: *ningún organismo vivo es autosuficiente*. Dios nos hizo dependientes de Él. Podemos reconocer nuestra necesidad de Él, o adoptar la falsa filosofía de independencia y seguir en nuestra obstinación hasta la muerte y la eternidad.

40

POR QUÉ NUNCA PODEMOS ESCAPAR DE LOS PROBLEMAS

Cuando hay contacto entre dos superficies que avanzan en direcciones diferentes, hay fricción. Y siempre que hay fricción, se produce calor. La fricción es un grave problema en la operación de nuestra compleja maquinaria moderna. La resistencia que ejerce una de las partes en movimiento sobre la otra puede frenar el movimiento y detener la máquina, o el calor que genera la fricción puede fundirla. Para evitarlo, todas las partes en contacto son extremadamente lisas y se emplean lubricantes para reducir al mínimo la fricción. Sin aceite lubricante, las industrias de una nación moderna se desintegrarían en cuestión de minutos.

Una máquina es una sociedad de partes metálicas, por así decirlo. Cada parte cumple su propia función dentro del propósito para el cual fue diseñado la máquina. Las partes opuestas pueden dar la impresión de funcionar una contra la otra, pero en realidad operan juntas para alcanzar un fin mucho más elevado que lo que pueden realizar las partes por separado. Dicho fin solo puede lograrse mediante el esfuerzo conjunto de toda la sociedad.

Las partes de una máquina sirven como alegoría de la sociedad humana. Un hombre solo es un hombre nada más, pero tan pronto aparece otro hombre y se le une, tenemos una sociedad de hombres. Dado que dos hombres no pueden permanecer quietos o callados por mucho tiempo, esta sociedad elemental no tarda en desarrollar problemas sociales. Los intereses opuestos de los dos hombres los lleva a moverse en direcciones diferentes y, puesto que están en contacto, habrá fricción. Ahora bien, en lugar de esa simple sociedad de dos hombres, pensemos en una sociedad a gran escala que incluye hombres, mujeres y niños, y es fácil ver por qué hay problemas en el mundo. Si la humanidad se quedara quieta, o si todos sus miembros fueran iguales y tuvieran intereses idénticos, no habría problemas en la sociedad humana. Sin embargo, es inevitable que la energía y la actividad de los hombres generen cierta fricción.

Los cristianos son básicamente seres humanos, y cuando tratan de convivir, tendrán problemas igual que las demás personas.

Los cristianos podemos aprender mucho de esto. Dado que la iglesia es una sociedad de seres humanos, los problemas que plagan las familias y las naciones también están presentes en la iglesia. Si un cristiano está solo, sus problemas son personales. Pero tan pronto se junta con otros cristianos, tiene además problemas sociales. Es cierto que los miembros de la iglesia son seres humanos *redimidos*, pero eso no los hace menos humanos. Las diferencias de gustos, los temperamentos, las opiniones, la energía moral y la velocidad para actuar entre personas religiosas que tienen un vínculo cercano generan cierta cantidad de fricción en el grupo. Los líderes cristianos sabios prevén esto y sabrán qué hacer cuando ocurra.

Esto se ha escrito de antemano para consuelo del pueblo de Dios, en especial de los ministros y obreros cristianos. Si nos acercamos a los quehaceres prácticos de la vida comunitaria de la iglesia local con ideas fantasiosas, vamos a sufrir una amarga decepción e incluso algunas heridas en el alma difíciles de sanar.

Cuando era joven predicador con mi primer y diminuto ministerio de pastor, no había tenido experiencia previa suficiente para saber qué esperar. Empecé el trabajo de la iglesia con la idea ingenua de que las dos maravillas del nuevo nacimiento y la llenura del Espíritu garantizarían que no habría discordias ni disgustos. Como resultado, cuando estalló el primer conflicto en la iglesia, casi destroza mi espíritu. De manera inconsciente, pensé que había sido llamado a pastorear un rebaño de ángeles y no de ovejas humanas. Después de angustiosas oraciones y profundo sufrimiento, al fin logré entender lo que debí saber desde un comienzo: que los cristianos son básicamente seres humanos, y que cuando tratan de convivir, tendrán problemas igual que las demás personas. La iglesia es un cuerpo conformado por partes en movimiento, una sociedad con muchos miembros. Los problemas que surgen en cualquier iglesia estarán en proporción directa con el celo, la actividad, y la energía de sus miembros. Esto es inevitable y debe tomarse con calma.

Algunos líderes cristianos que están mal informados sienten que deben preservar la armonía a toda costa, de modo que hacen todo lo posible para reducir la fricción. Deben recordar que no hay fricción en una máquina que ha sido apagada para la pausa de la noche. Apaga la máquina, y no tendrás problemas con partes en movimiento. Recuerda también que existe una sociedad humana donde no hay problemas: el cementerio. Los muertos no tienen diferencias de opinión. No generan calor porque carecen de energía y movimiento. Pero su castigo es la esterilidad y la ausencia absoluta de cualquier clase de logro.

> Una iglesia llena del Espíritu despierta la ira del enemigo.

¿Cuál es, pues, la conclusión de este asunto? Que los problemas son el precio del progreso, que la fricción es simultánea al movimiento, que una iglesia viva y en expansión tendrá una medida de dificultades como resultado de su vida y su actividad. Una iglesia llena del Espíritu despierta la ira del enemigo.

Entonces, ¿cómo debemos enfrentar nuestros problemas? Primero, debemos esperar que se presenten para que no nos tomen por sorpresa. Segundo, entender que todo cuerpo viviente de cristianos tiene sus problemas, desde Cristo y sus discípulos hasta nuestros días y, por lo tanto, los tuyos no son únicos. Tercero, derramar cantidades abundantes de amor, el mejor lubricante del mundo. El amor reducirá la fricción al mínimo y sin dañar las partes. ¿De dónde viene este amor? El amor de Dios brota a torrentes del Espíritu en nuestros corazones.

41

EL CAPITÁN DEL ALMA

El poeta inglés William Ernest Henley ha sido objeto de múltiples ataques de cristianos indignados que están amargamente ofendidos con él por haber dicho, en términos sencillos, lo que casi todo el mundo cree:

> *Yo soy amo de mi destino:*
> *soy el capitán de mi alma.*

Si bien el tono predominante del poema es arrogante e insolente, casi aterrador, pienso que nos convendría tratar con benevolencia al autor, un hombre cuyo corazón nada conocía de la influencia apaciguadora del amor de Dios, un hombre lisiado de por vida que buscó atacar lo que fuera que él considerara ser la fuente de su infortunio. Su protesta malhumorada contra los cielos deja ver más de una vez lo iluso y fanfarrón de sus expresiones. Aun así, sus frases acerca de ser capitán de su alma y amo de su destino son verdad.

Charles Wesley dijo más o menos lo mismo en un himno que ha sido entonado por casi todas las iglesias del mundo de habla inglesa:

> *Tengo una carga que llevar,*
> *un Dios a Quién glorificar;*
> *un alma eterna por salvar,*
> *para el cielo entrenar.*

Solo quienes niegan la libertad de la voluntad humana podrían estar en desacuerdo con las palabras de Wesley. Ciertamente Dios nos ha dado un alma a cada uno de nosotros, y con la misma certeza nos ha encargado velar porque sea salva. Las palabras de Pedro a las multitudes en Pentecostés expresan esta idea: "Sed salvos de esta perversa generación" (Hch. 2:40). ¿Quién puede dudar que Pedro consideraba a sus oyentes responsables de su propia condición espiritual? Pensar de otra manera es encontrar en sus palabras un sentido que no existe.

Cielo e infierno, vida y muerte, felicidad o sufrimiento dependen de la decisión: ¿Cristo o yo?

Dejando a un lado por un momento la distinción técnica entre el capitán y el piloto de un barco, podemos ver cómo cada hombre es el capitán de su propia alma. Tan pronto como el barco ha soltado los amarres y está en altamar, solo el capitán es responsable de su embarcación. Toda la expansión de los siete mares está delante de él. "Mirad también las naves; aunque tan grandes, y llevadas de impetuosos vientos, son gobernadas con un muy pequeño timón por donde el que las gobierna quiere" (Stg. 3:4).

Sin embargo, no nos gusta pensar que somos responsables de nuestra propia alma. Es un pensamiento desconcertante, incluso aterrador. Somos demasiado débiles, ignorantes, y el mar inmenso y cruel. Tomás exclamó: "Señor, no sabemos a dónde vas; ¿cómo, pues, podemos saber el camino?" (Jn. 14:5), y con estas palabras expresó los mismos sentimientos que experimentamos. Ni siquiera sabemos dónde está el puerto. ¿Cómo podemos esperar alcanzarlo? Y aun así somos responsables, ¿cómo puede ser esto?

La respuesta es: si bien no podemos garantizar que pilotearemos nuestra embarcación hasta buen puerto, *sí podemos elegir poner nuestra embarcación en manos de Aquel que puede.* Dios nos ha dado libre albedrío a fin de que podamos elegir al piloto indicado para ese trabajo. Él también ha provisto al Piloto, Jesucristo nuestro Señor. Solo necesitamos reconocer nuestra propia ignorancia y clamar en fe:

> *Cristo, mi piloto sé*
> *en el tempestuoso mar;*
> *fieras ondas mi bajel*
> *van a hacerlo zozobrar,*
> *mas si tú conmigo vas*
> *pronto al puerto llegaré;*
> *carta y brújula hallo en ti:*
> *Cristo, mi piloto sé.*
> (trad. Vicente Mendoza)

Dios ha dado a cada persona una voluntad propia. La diferencia entre un cristiano y una persona que no es salva no es que una tenga voluntad y la otra no. No, ambas tienen voluntad. *La diferencia es lo que hacen con ella.* El pecador quiere gobernar su propia vida, y esa es la esencia del pecado. Los cristianos son cristianos porque en fe han sometido su voluntad a la voluntad de Dios, y han vuelto su alma a Jesucristo. Tennyson entendió esto cuando escribió:

> *Nuestra voluntad es nuestra, no sabemos cómo;*
> *nuestra voluntad es nuestra, para hacerla tuya.*

La conclusión es que el destino de cada hombre tiene un amo, y que el alma de cada hombre tiene un capitán. Puede ser él mismo, o puede ser Otro a quien él ha escogido. La diferencia puede definirse en unas pocas palabras, pero sus implicaciones eternas y poderosas no cabrían en miles de libros. Cielo e infierno, vida y muerte, felicidad o sufrimiento dependen de la decisión: ¿Cristo o yo? Pobre Henley. Tenía tanta razón, y aun así estaba tan trágica y aterradoramente equivocado.

42

¿CUÁL ES LA "VIDA MÁS PROFUNDA"?

Se hace cada vez más evidente en los Estados Unidos una tendencia positiva hacia un tipo de vida cristiana más elevada. Justo cuando las diversas iglesias de "la santidad" han quedado reducidas a la minusvalía casi total, y cuando la mayoría del fundamentalismo ha vendido su primogenitura por un mugriento potaje, un contra-movimiento se ha levantado al interior del cuerpo de creyentes contemporáneos. Al parecer, dicho movimiento no se originó en ningún hombre o mujer, ni en un lugar preciso. Más bien es un despertar espontáneo de hambre y sed espirituales entre cristianos de muchos y diversos trasfondos religiosos. El movimiento no es organizado, no tiene sede local, ni oficiales, ni miembros que pagan membresía. Su influencia ha sido tan discreta y misteriosa en permear el evangelicalismo moderno, que puede compararse con la acción del viento que "sopla por donde quiere" sin mediación terrenal ni conocimiento humano previo. Aunque el movimiento no tiene una doctrina nueva ni ideas particulares, sus miembros se reconocen los unos a los otros cuando se encuentran, y rompen las fronteras denominacionales para estrechar manos y susurrar "¡hermano!", "¡hermana!".

El creciente interés en una vida más profunda, por parte de un número cada vez mayor de personas religiosas, es muy significativo. El término mismo no es nuevo, ni es propiedad de un grupo particular o escuela de interpretación. Las palabras, o algo similar a ellas, se han empleado en varios períodos de la historia de la Iglesia para identificar una protesta contra lo ordinario en la experiencia cristiana, y un anhelo insaciable de unas pocas almas inconformes por el poder profundo, esencialmente espiritual e interno del mensaje cristiano.

El hecho de que tantas personas que profesan ser cristianas estén interesadas en una vida "más profunda" es la evidencia tácita de que su experiencia espiritual no ha sido satisfactoria. Muchos se han examinado y han salido decepcionados. Cuando han hablado con otros cristianos, descubren que otros no están en mejores condiciones. Esperanzados, se dicen que con toda certeza debe haber algo mejor, más deleitoso, más profundo que lo que han experimentado en su día a día. Así, han acudido ansiosamente a los defensores de la vida más profunda, y han consultado a fondo, con un poco de cautela, de qué hablan y dónde se encuentra aquello en las Sagradas Escrituras.

> Muchos se han examinado y han salido decepcionados.

La vida más profunda debe ser entendida como una vida en el Espíritu mucho más anticipada que la promedio, y más cercana a la norma del Nuevo Testamento. No sé si el término escogido sea el más apropiado, pero a falta de uno mejor seguiremos usándolo. Hay muchas frases bíblicas que encarnan el significado que intentamos describir, pero *han sido mal interpretados y equiparados con la acostumbrada mediocridad espiritual. Como resultado, cuando los maestros de Biblia de ahora las emplean, no significan lo mismo que solían significar cuando fueron escritas por sus autores bajo inspiración divina.* Este es el precio que pagamos por forzar la Palabra de Dios para que se ajuste a nuestra experiencia, en lugar de traer nuestra experiencia y conformarla a la Palabra de Dios. Solo si se emplean los términos sobre los cuales ya ha habido un acuerdo y un entendimiento previos, puede existir una verdadera comunicación entre el maestro y el aprendiz. De ahí surge esta definición de la vida más profunda.

La vida más profunda también se ha denominado "la vida victoriosa", pero no me gusta ese término. Me parece que centra la atención únicamente en un aspecto de la vida cristiana, que es nuestra victoria sobre el pecado, cuando en realidad constituye nada más una faceta de la vida profunda. Es importante, sin duda, pero no es la única. Esa vida en el Espíritu que denota el término "vida más profunda" es mucho más amplia y rica que la simple victoria sobre el pecado, por vital que esta sea. También incluye la idea de que Cristo mora en el creyente, de una aguda conciencia de Dios, de adoración vehemente, de separación del mundo, de la entrega gozosa de todo a Dios, de la unión interna con la Trinidad, de la práctica de la presencia de Dios, de la comunión de los santos, y de la oración incesante.

A fin de entrar en esa clase de vida, quienes la buscan deben estar dispuestos a aceptar, sin cuestionar, el Nuevo Testamento como la autoridad suprema en los asuntos espirituales. Deben estar dispuestos a que Cristo sea el Señor único y supremo que gobierne sus vidas. Deben someter todo su ser al poder depurador de la cruz, a morir no solo a sus pecados sino a su propia justicia, al igual que a todo lo que antes fue motivo de orgullo.

Si a alguien esto parece como un gran sacrificio, vale recordar que Cristo es Señor, y que Él puede exigirnos lo que Él decida, incluso al punto de pedirnos que nos neguemos a nosotros mismos y tomemos a diario nuestra cruz. Cuando lo hacemos, la unción poderosa del Espíritu Santo restituye al alma infinitamente más de lo que ha perdido. Es un camino difícil, pero glorioso. Quienes han experimentado su dulzura nunca llorarán por lo que han perdido. Estarán demasiado satisfechos con lo que han ganado.

Estas colecciones de capítulos favoritos representan los mayores temas de las obras de A. W. Tozer. Cada uno revela profundidad, convicción y perspicacia refrescante. Los libros de Tozer siempre fueron escritos después de muchas horas de reflexión y oración. Quizás esta explica su continuada influencia globalmente.

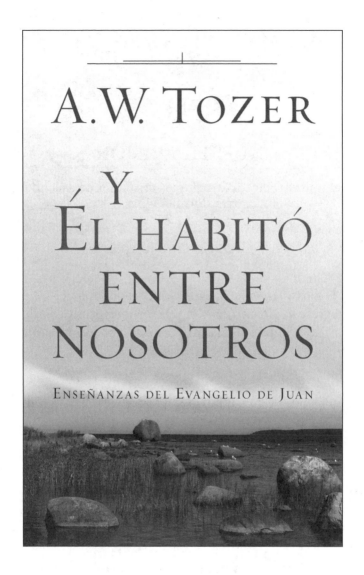

A.W. TOZER

Y ÉL HABITÓ ENTRE NOSOTROS

ENSEÑANZAS DEL EVANGELIO DE JUAN

Para Tozer, el Evangelio de Juan fue su libro de la Biblia favorito, y el enfoque de estos escritos (adaptados de sermones que predicó a sus feligreses) es la encarnación y su significado en la vida de los creyentes. Ningún otro escritor del Nuevo Testamento, ni siquiera el apóstol Pablo, presenta a Cristo con una pasión igual a la de Juan, a quien Jesús le llamó el Amado. Tozer desafía a los lectores a descubrir un deseo fresco e incontenible por Cristo.

EDITORIAL
PORTAVOZ

NUESTRA VISIÓN

Maximizar el efecto de recursos cristianos de calidad que transforman vidas.

NUESTRA MISIÓN

Desarrollar y distribuir productos de calidad —con integridad y excelencia—, desde una perspectiva bíblica y confiable, que animen a las personas a conocer y servir a Jesucristo.

NUESTROS VALORES

Nuestros valores se encuentran fundamentados en la Biblia, fuente de toda verdad para hoy y para siempre. Nosotros ponemos en práctica estas verdades bíblicas como fundamento para las decisiones, normas y productos de nuestra compañía.

Valoramos la excelencia y la calidad.
Valoramos la integridad y la confianza.
Valoramos el mérito y la dignidad de los individuos y las relaciones.
Valoramos el servicio.
Valoramos la administración de los recursos.

Para más información acerca de nuestra editorial y los productos que publicamos visite nuestra página en la red: www.portavoz.com.